돌연 한 남자가 안경을 올리며 질문을 던졌다.
"당신이 아메드 파샤가 보낸 분인가요?" 자국의 분쟁과 반란으로
파샤가 미처 파리에 오지 못한 사실을 알고 있었던 나는 답변을
회피했다. 그럼에도 그가 집요한 시선을 거두지 않아 고개만
끄덕였다. 그러자 그는 다니엘에게 물러가라는 신호를 보냈다.
불쌍한 다니엘은 장거리전화를 핑계로 자리를 떠났다.

당시 44세, 신장 180센티, 푸른 눈에 수염이 덥수룩한
그 남자의 이름은 제임스 가필드 James Garfield 1831~1881였다.
소설처럼 기구한 삶을 살았던 그는 우리가 만난 그때로부터
6년 후인 1881년, 헤이즈에 이어 20대 미국 대통령이 되어
백악관에 입성했다.

미국 대통령 제임스 가필드와의 밀의密議

악마가 사랑한 여인

ⓒ2006 흰물결

악마가 사랑한 여인

지은이　마리 에머리
펴낸곳　도서출판 흰물결
펴낸이　박수아
표지그림　일랑 이종상

초판 1쇄 발행일　2006년 5월 18일
초판 2쇄 발행일　2007년 10월 18일
초판 3쇄 발행일　2021년 8월 15일
초판 4쇄 발행일　2021년 11월 1일

주　　소　06595 서울 서초구 반포대로 150 흰물결아트센터
등　　록　1994. 4. 14 제3-544호
대표전화　02-535-7004　팩스　02-596-5675
이메일　　mail@cadigest.co.kr
홈페이지　www.catholicdigest.co.kr

값 15,000원
ISBN 978-89-953338-5-3

이 책은 저작권법에 의하여 보호를 받는 저작물이므로
무단전재와 무단복제를 금합니다.

악마가 사랑한 여인

마리 에머리 지음 가톨릭다이제스트 역

흰물결

악마가 사랑한 여인

이 글을 읽게 될 독자 여러분께 6

프리메이슨의 외동딸 13

일루미나티 신전 18

쾌락적인 집회의 밤 24

미국 대통령 제임스 가필드와의 밀의密議 39

살인 입단식 49

여 밀사의 탄생 64

악마의 성주간 75

이탈리아 국왕 독살지령 93

일곱 머리 용과의 대화 115
철의 재상 비스마르크의 계략 129
일루미나티의 성서 143
루치펠의 비밀교의 151
여 예언자의 여행길 162
미국 대통령에게 죽음을 179
용을 향한 반역 206
도피행의 아침 242

이 글을 읽게 될 독자 여러분께

〈악마가 사랑한 여인〉은 비밀결사 프리메이슨의 최고 조직, 일루미나티의 정상에 있었던 한 여성이 자신이 몸담았던 조직을 고발하는 내용의 일기로 실로 소설보다 기이하다.

시대는 19세기 후반. 무대는 터키, 이탈리아, 프랑스, 독일, 러시아, 미국으로까지 확대되는데 특히 파리의 대 지부가 중심무대다.

필자인 마리 에머리는 다른 사람의 연구를 그대로 인용하지도, 무모한 추측도 하지 않는다. 지금껏 어떠한 책에도 나와있지 않는 상세한 내부정보와 조직의 일원이 아니고선 알 수 없는 살아있는 내용들을 기록해놓았다. 왕인형, 교황인형 안에 살아있는 희생자를 집어넣고 찌르는 살인의식 등의 묘사는 여하한 미스터리 소설도 감히 흉내낼 수 없는 무시무시한 긴박감이 있다.

이탈리아 귀족 가문에서 태어난 크로틸드 베르송. 어머니는 독실한 가톨릭 신자인 반면 아버지는 가톨릭에 대적하는 프리메이슨에 가담한다. 둘은 크로틸드가 세 살 되던 해 이혼하고 딸을 기숙학교에 맡긴다. 열일곱 살에 몇 개 국어를 구사할 정도로 두뇌가 뛰어났던 그녀는 공부에만 매달렸고 특별 장학생이 된다.

요정 같은 그녀의 미모와 우수한 두뇌에 진작부터 눈독을 들이고 있던 악마적 비밀결사는 그녀의 아버지에게 계획적으로 막대한 빚을 지우고 그녀는 그들의 이런 비열한 계략에 의해 일루미나티에 입단한다. 그리고 마침내 그들에게 신으로 추앙받는 악신 루치펠하느님에 대적하는 최고의 사탄의 '밤의 요정'이 되는 길을 걷는다.

백 년 전에 모짜르트가 그 유명한 오페라 '마술피리'에 '밤의 여왕'을 등장시켜 프리메이슨의 비밀을 폭로한 적이 있는 것으로 보아 우리는 일루미나티에 그러한 여성이 실재했던 것으로 추정할 수 있다. 크로틸드는 세 번째 요정이었다.

그녀는 로지에서 살인의식을 바탕으로 한 갖가지 통과의례를 거처 최종적으로 루치펠의 계시를 온전히 받는 매개체로 성장한다. 그러나 그녀의 당초 목적은 최고 간부에 오르면 자신의 인생을 파괴한 자들과 악마적 비밀결사에 복수하는 것이었다.
'성령의 신부 루치펠의 아내를 지칭'가 되어 최고 권력을 장악한 크로틸드는 복수를 하나씩 해나간다. 그리고 목숨을 걸고 조직을 탈출, 수도원에 피난처를 마련하고 더없이 중대한 고백서를 써내려간다. 필명 마리 에머리는 크로틸드의 세례명이다.

이 〈악마가 사랑한 여인〉의 초고는 원래 각국에서 출판할 수 있도록 여러 나라 말로 기록해 로마와 여러 곳의 수도원에서 극비리에 보관하고 있었다.
그러나 당시 교회 입장에서도 오점이 될 수 있는 중대한 내용이 담겨있고, 중요 인물이 아직 생존해있다는 이유 등을 들어 오랜 세월 출판이 미뤄지다가 세기가 바뀌고 나서야 가까스로 출판되었다.

1928년 프랑스의 예수회 신부 아랄 리샤르가 수도원에서 이 크로틸드의 원고를 발견했다. 이를 계기로 가톨릭 사제 바오로 쁘린이 〈용의 선민L' Elue do Dragon〉이라는 제목으로 파리에서 처음 책으로 출판하였다. 책은 시중에 나오자마자 큰 반향을 일으켰고 당시 반 프리메이슨 운동에 지대한 영향을 끼쳤다고 알려지고 있다.

그로부터 2년 후 독일에서도 독일어 판이 출간되었지만 나치정권 하에서 발행이 금지되고 세계대전의 격동 속에서 오랜 세월 빛을 보지 못하고 묻혀있었다.

1985년 로마에서 요나스 가치니 신부멕시코의 프란치스코회 수도원 지도사제에게 다시 발견된 이 책은 모두에게 큰 충격을 주었다. 왜냐하면 당시 요한 바오로 1세의 의문사1978년를 둘러싸고 메이슨에 의한 살해설이 파다하게 퍼져있었기 때문이다.

가치니 신부는 투병생활 중에도 이 책의 영어번역작업에 심혈을 기울였고 병문안을 온 미국인 프란치스코회 수사 빈센트 수사에게 원고를 맡겨 출판을 의뢰했다. 번역을 마치자마자 이내 숨을 거둔 가치니 신부의 뒤를 이어 빈센트 수사가 자신의 설명과 기타 관련정보를 덧붙여 책으로 엮어냈다.

〈악마가 사랑한 여인〉은 그 가운데서 크로틸드의 일기만을 골라 번역한 것이다.

일본에서 '옴진리교 사건'이 터졌을 때, 옴진리교 간부가 쓴 한 통의 편지가 TV화면에 공개된 적이 있다. 거기에는 일루미나티의 창시자인 아담 웨이샤우프트를 찬미하는 내용이 적혀있었다. 명칭만 달리했지 일루미나티는 여전히 건재하고 있음을 새삼 절감했다. 그 극비조직은 파괴활동가들을 통해 확실히 맥을 이어오고 있었던 것이다.

또 몇 년 전부터 정신세계 혹은 뉴 에이지라 불리는 현대의 일루미나티즘이 전 세계로 유행처럼 번지고 있다.

  그러나 세계를 파괴하는 무시무시한 극비조직, 일루미나티에 관한 자료들은 대부분 빈약하기 그지없고 그나마 이 문제를 연구하는 노력마저 턱없이 부족하다. 아쉬운 일이다.

  이 책은 무서운 내용을 담고 있다. 게다가 모두 실제로 일어난 사건이다. 독자 여러분도 세계적 음모의 '증거'를 그 음모조직에 몸담았던 한 인간의 솔직한 고백을 통해 직접 확인해보기 바란다.

가톨릭 다이제스트

프리메이슨의 외동딸

1874년 12월의 이스탄불, 그 무렵 아버지는 밤이 되면 어김없이 외출을 했다. 나는 그 심상찮은 외출에 의심을 품었고 아버지가 집을 비우는 이유를 알아내기로 마음먹었다. 단지 아버지가 좀더 아버지답길 바랄 뿐인데….

아버지는 프리메이슨과 관련된 일임을 넌지시 내비치면서도 그들의 비밀은 일절 털어놓지 않았다.

"거절하기 힘들단다."

그날 저녁도 아버지는 미안하다며 변명을 늘어놓았다.

"크로틸드, 이해해다오. 아버지 노릇을 못한 데 대한 보상은 반드시 하마."

담 너머에서 이상한 소리가 들리자 아버지는 대사관에 가야 한다며 벌떡 일어섰다.

"암호해독 일이야. 먼저 자거라. 아침에 다시 만날 수 있을 테니…."

묘령의 여자와 밀회를 나누는 건 아닐까? 질투심이 일어 나가려는 아버지 앞을 가로막아 섰다. 아버지는 발끈 화를 내며 나를 밀치고 뛰어나갔다. 아버지는 알고 지내던 유태인 여자나 아르메니아 여자와 사랑에 빠졌음에 틀림없었다. 그날 밤, 나는 잠을 설치며 복수할 일을 곱씹었다.

내가 세 살 무렵, 아버지와 어머니는 심한 말다툼 끝에 이혼했다. 어머니는 재혼할 심산으로 나를 볼셰비키라는 공산주의자 기숙학교에 보내놓고 특별한 날 이외에는 만나러 오지 않았다. 나는 오직 공부에만 마음을 쏟았다.

6개 국어를 습득할 정도로 총명했던 나는 곧 특별우등생 축에 들었다. 그리고 열일곱 살이 되던 해에는 무신론의 자유주의자가 되어있었다.

그즈음, 이스탄불에 살고 있던 아버지가 함께 살고 싶다는 편지를 보내왔다. 나는 뜻을 정하고 이스탄불로 가서 기다렸지만 무책임한 아버지는 그날도 새벽 5시에야 귀가했다.

나는 화가 머리 끝까지 치밀어올라 호텔에서 혼자 살겠다고 고집을 부렸다. 그제서야 아버지는 도박으로 6만 리라Lira, 이탈리아와 터키의 화폐단위라는 거금을 날린 사실을 고백했다.

그러고는 이내 내가 이스탄불 일루미나티18세기 후반부터 프리메이슨을 실질적으로 장악한 비밀조직에 가입하는 조건으로 아라 베르디Allah Verdi라는 사람이 대신 부채를 갚아주겠다고 한 제안을 덧붙였다. 마치 악몽을 꾸는 것 같았다.

당시 아라 베르디는 터키 그랜드로지의 지배자였다. 전 세계 여섯 곳의 그랜드로지, 장미십자단, 마피아 등 여타 비밀결사와 관계를 맺고 있던 이 터키 로지는 그로부터 얼마 지나지 않아 아메드 카이제리 파샤Achmed Kaiserlei Pascha로 이름을 바꾼 바아 아메드Bou Achmed의 손아귀로 넘어갔다.

헤어질 때쯤, 나는 어처구니 없게도 메이슨이 될 결심을 굳히고 호출하면 로지로 가겠다고 서약했다.

로지는 보통 금요일 밤늦게 호출했고 나는 즉시 달려가 새벽 5시까지 거의 집으로 돌아오지 못했다. 당시 터키정부가 프리메이슨을 포함한 모든 비밀결사를 금하고 있었지만 그들은 개의치 않는 듯 보였다.

나는 로지에 관해서 아무것도 묻지 않겠다고 아버지에게 약속했다. 그러던 어느 날 아버지가 대낮에 로지에 함께 가자는 말을 꺼낸 후로 궁금증이 가시지 않았다. 메이슨은 대부분 늦은 시각에 활동하고 있었기 때문이다. 아버지는 아무도 없는 로지를 보여주고 싶었던 모양이었다.

"크로틸드, 넌 무척 예뻐. 게다가 기품도 있고. 이건 너를 위한 일이야."

이 말을 들었을 때, 아버지가 처음부터 나를 메이슨 패거리에게 팔아넘길 계획이었던 것은 아닐까 하는 의심이 스쳤다. 그 순간 6년 동안 아무런 연락 없이 딸을 방치하고, 어머니와도 헤어지게 만든 아버지에게 복수하고 싶었다.

한편으로 아버지를 그토록 철저히 지배하고 있는 로지가 어떤 곳일까 호기심이 생겼다. 일루미나티가 숭고한 삶을 추구하는 저명인사, 자유사상가, 교양인들의 모임이라고 자랑하는 아버지를 좀처럼 믿을 수 없었다.

나는 그리스도를 증오하고 멸시하는 자들을 끌어들여 모든 종교를 지배하려는 메이슨의 종교전략을 얼마간 파악하고 있었다. 실비오 펠리코Silvio Pellico 1789-1854, 이탈리아의 시인이며 애국자에 대해서도 알고 있었고, 카르보나리당19세기 초 이탈리아에서 독립과 자유를 내세우고 활동한 비밀결사에 관해서는 좀 더 많은 지식이 있었다.

그렇게 여러 가지를 알고 있었으면서도 나는 당시 아버지가 나를 처넣고자 했던 그 수렁의 깊이는 전혀 헤아리지 못했다.

일루미나티 신전

 신성 로마제국 내무실을 모방한 것으로 추측되는 로지에 첫발을 들여놓았다. 전 세계 로지가 이처럼 한결같이 통일된 최고급 양식으로 건축된다고 했다.
 궁정같이 꾸며진 로지의 대기실 위, 아래로 일루미나티에게만 공개되는 '비밀의 방'이 있었고 우측에 입단자를 심사하는 '검은 방', 좌측에 로지로 들어가기 전에 메이슨의 에이프런Apron, 성직복의 앞자락이나 토가Toga, 로마시민이 입었던 의복의 일종 등을 갈아입는 의상실이 있었다.
 그런데 로비와 대기실뿐 아니라 사방의 벽과 문에 소리가 밖으로 새어나가지 않도록 틈막이가 되어있었다.

　나는 웃음이 났다. "뒤가 구리지 않고서야 대관절 이런 게 무슨 소용이람!" 아버지는 아무 대꾸도 하지 않았다.

　로지의 본전에 들어섰다. 꽤나 높은 천장에 휘황찬란한 조명이 매달린 넓고 아름다운 방이었다. 입구에서 2미터쯤 떨어진 곳에 서있는 해골을 보고 나는 다시 한번 웃음을 터트렸다.
　'이따위로 다 큰 어른을 겁주려는 건가.'
　그러다 한순간 나는 경악한 나머지 제자리에 못 박힌 듯 멈추어 섰다. 로지 중앙에 흰 대리석으로 만든 '짐승상'과 마주했을 때였다. 교황이 쓰는 삼중관을 흘겨보며 위협하는 자세로 엎드려있는 그 모습이 흡사 묵시록에 등장하는 짐승처럼 느껴졌다.

　그 꺼림칙한 대리석상에는 일곱 개의 머리가 달려있었는데, 얼핏 사자처럼 보였다가 사람처럼도 보였다. 자세히 보니 제각각의 머리 생김새에 뿔이 달린 것도 있었다.
　뒷다리로 역대 교황이 쓰던 삼중관을 짓밟고, 앞다리로는 한 사람의 왕관을 산산조각 내고 있는 짐승상에서는 말로 형용할 수 없는 생명력이 발산되고 있었다. 나는 그 눈빛에 기가 질려 꼼짝도 할 수 없었다.

"용, 히드라란다."

아버지는 조용히 귀띔했다. 그리고 불가사의한 힘으로 사람을 홀리는 그 짐승상으로부터 나를 떼어놓으려 했다.

나는 예전부터 고대의 전설을 형상화한 동물상이 싫었다. 유감스럽게도 나는 신과 악마, 천국과 지옥의 초자연적 존재, 퇴마의식, 마법의 주문 같은 것들을 믿지 않았다. 심지어 '지금은 19세기, 자유사상의 시대라고!' 하며 우습게 여겼다.

그러나 그 순간 이런 독립심이나 자존심과는 별개로 나는 내 마음을 뭔가 덮쳐 누르는 그 불가사의한 힘에서 벗어날 수 없었다. 내 존재가 마치 환영의 빛 가운데 깊숙이 잠겨있는 것 같았다. 마침 그때 아버지가 한 말에 얼마나 소스라치게 놀랐던지,

"나는 네가 선택된 지배자, 일루미나티의 여왕이 될 거라는 소리 듣고 의심하지 않았단다. 너는 나를 능가할 거다. 우리 모두를 뛰어넘을 거야!"

아버지는 나를 짐승상 앞에서 강제로 멀리 떼어놓았다. 그제야 짐승상의 위쪽에 걸려있던 거대한 초상화가 눈에 띄었다. 쥬세페 마치니 Guiseppe Mazzini 1805-1872, 이탈리아의 자유운동가, 청년 이탈리아당 창당의 초상화였다. 이탈리아의 위대한 애국자로 알려진

그는 이곳에서 카르보나리당의 최고지도자, 고위 일루미나티 일파를 세운 지도자들의 최고의장으로 추앙받고 있었다. 실제로 그가 모든 메이슨을 지배했다.

그림 속의 마치니는 일루미나티 그랜드로지의 그랜드오리엔트최고의장 복장인 주홍색 망토를 걸치고 있었다. 망토 아래로 세 줄기의 빛을 발하는 태양 기장記章으로 앞을 고정시킨 짧은 흰색 상의와 금색실을 넣어 짠 벨벳 토가가 보였다. 그 옆의 책상 위에는 메이슨을 상징하는 여러 도구들이 놓여 있었다.

야릇한 미소를 머금고 짐승상 곁에 서있는 마치니는 실재하듯 너무도 생생했다. 손에 든 왕관을 쪼개고 있는 그의 발치에는 왕관을 쓴 여러 가톨릭 주교들의 목이 나뒹굴고 있었다. 한 여자가 한 손에 그에게 바치는 피가 가득한 사발을 들고 다른 손에 뱀에 휘감긴 지구를 들고 있는 모습도 보였다.

쥬세페 마치니

잠깐 들여다보고 있으려니 그림 속의 여자가 나 자신인 것 같은 착각이 들었다.

나는 몸서리를 치며 얼른 용에게 시선을 돌렸다. 그때 불이 쏟아져내리는 용의 눈과 마주쳤다. 아버지의 안색이 창백해졌다. "네가 본 그대로란다. 일찍이 두 요정이 있었는데 둘 다 죽었지. 그런 까닭에 그랜드오리엔트는 죽지 않을 세 번째 요정을 찾고 있었어. 용Lucifer 루치펠, 여기서는 사탄의 이름으로 말하는 요정을."

나는 소리 죽여 울기 시작했다.

"무서워요, 빨리 나가요!"

내 말을 무시한 채 아버지가 커다란 홀에 불을 밝혔다. 상아로 만든 십자가가 얹혀 있는 의자가 무신론자들의 집회장치고는 묘한 분위기를 연출했다.

홀에는 중앙에 한 개, 양 옆으로 세 개씩 일곱 개의 기둥이 세워져 있었다. 반원테이블을 둘러싸고 의자 세 개가 놓여 있고, 그 뒤로 긴 의자가 교실처럼 나란히 줄지어 있었다. 책상 위에 놓인 잉크병, 연필, 종이, 펜 등도 보였다.

위를 올려다보니 천장 관람석무대에서 먼 맨 위층의 싸구려 관람석 같은 집회장이 한눈에 들어왔다. 넓은 홀 전체가 마치 재판소 같았다. 나는 기가 질려 더 이상 아무것도 하고 싶지 않았다. 아버지의 부축을 받아 집으로 돌아왔다.

나는 탈진해 얼마간 입을 열지 못했다. 딸을 팔아 넘긴 아버지를 생각하니 내 신세가 한탄스러웠다. 그러나 어떤 얄궂은 운명이 닥치더라도 스스로 헤쳐나가리라 결심했다. 그리고 나 자신에게 속삭였다.

'감추어진 내막을 속속들이 알아내고 저 마치니 버금가는 지도자가 되자. 그렇게 되면 세계를 지배하는 그랜드오리엔트들을 조종할 수 있을 것이다. 그때 그들의 진상을 폭로하자.'

쾌락적인 집회의 밤

아버지는 메이슨에 대해 내게 털어놓은 것보다 훨씬 많은 것을 알고 있었다. 로지의 첩보원이었던 것이다.

'그렇다고 자식을 팔아넘길 권리가 어디 있단 말인가! 나는 딸조차 이용하려 드는 치졸한 도박꾼의 희생양은 되지 않겠다. 내 목표를 꼭 이루고야 말리라.'

"제 모습을 감추고 집회에 참석할 수 있나요?" 하고 아버지에게 묻자, 그랜드오리엔트에게 물어보긴 하겠지만 내쪽에서는 누구도 볼 수 없을 거라고 대답했다.

얼마 후, 아메드 파샤라는 남자가 집회 전에 나를 만나고 싶다는 의사를 전해왔다.

저녁식사 자리에 도착했을 때 파샤는 만면에 미소를 띠고 나를 맞았다. 하지만 나는 그가 포악하고 무자비한 장군이라는 사실을 이미 알고 있었다. 술탄 압둘 아지즈Abdul Aziz, 1861-1876에 재위한 오스만 투르크의 술탄를 퇴위시킨 뒤 살해한 바로 그자였다.

여든 살로 머리에 터번을 두른 파샤의 얼굴에는 일말의 변화도 없었고 눈은 악의와 교활함으로 번득였다. 동양풍의 번쩍번쩍 빛나는 고가품에 둘러싸여 삼백 명이나 되는 여자 노예들을 거느린 그가 이국의 왕처럼 느껴졌다.

그 괴물 같은 노인은 한동안 나의 지성과 미모를 칭송하면서 여자가 메이슨의 높은 지위에 오르는 일은 매우 이례적이라고 누차 강조했다. 그가 앞서 그들이 선택한 두 여자는 로지의 명예를 실추시켰다고 말했을 때 나는 필시 비밀누설을 막고자 두 여자를 살해했을 것이라고 추측했다.

파샤는 나를 한층 더 치켜세운 후, 이스탄불 로지가 이미 나를 선택했다고 밝혔다. 로지에 정식으로 입단하려면 절차를 밟아야 했지만 그는 이미 나에게 프리메이슨이라는 호칭을 사용하고 있었다. 그의 주제넘은 언사에 내 마음이 싸늘해졌다.

파샤는 프리메이슨의 부적이 나를 보살펴줄 거라는 말을 덧붙였다. 그 부적의 힘이 무엇인지는 파샤도 아버지도 전혀 설명해주지 않았다.

'내일 모임에 참석해 스스로 더 많은 것을 알아내리라….'

돌아오는 길에 아버지는 파샤에게 고분고분하지 않은 내 태도를 나무랐다.

"'힘'이 결정한 운명으로부터 벗어난 사람은 단 한 사람도 없었어. 조만간 너도 이 상황을 순순히 받아들일 거야. 네가 로지에 가입만 하면 이 애비는 파샤의 호의를 얻을 수 있단다."

아버지는 나를 이용해 대사관에 발탁되길 원했던 모양이었다. 할 수만 있다면 아버지의 뺨을 후려치고 싶었다. 나는 방에서 나가라고 악을 썼다.

이튿날 아침, 파샤가 보낸 다이아몬드 목걸이가 도착했다. 그것을 보며 아버지가 파샤에게 나를 팔아넘겼음을 확신했다. 분노로 끓어올랐지만 집회에 참석하리라 마음먹었다. 물론 파샤가 보낸 선물로 치장하는 것을 잊지 않았다. 다이아몬드 목걸이가 내 양 어깨에서 빨갛게 달궈진 쇳덩이처럼 빛났다.

집회의 밤이 왔다. 11시가 되자 나는 아버지를 따라 회장으로 들어섰다. 모두들 그 용이라는 짐승을 닮은 말 가면을 쓰고 있었다. 터키 일루미나티의 관례인 모양이었다.

그 가장假裝에서 나 혼자만 예외였다. 모두가 나를 쳐다봤지만 나는 아무도 알아볼 수 없었다.

"아메드 파샤는 어디에 있죠?" 하고 아버지에게 물었다.

"터키 정부의 일로 바쁜 게 틀림없어."

"손님을 초대했으면 당사자가 맞이하는 게 도리 아닌가요? 기껏 다이아몬드 목걸이까지 하고 왔는데…."

말이 채 끝나기도 전에 아버지가 손가락으로 내 입술을 눌렀다. 로지의 직원들이 홀에서 들리는 아주 미미한 소리까지 놓치지 않고 기록한다는 사실을 알고 있었기 때문이다.

다행히 그때 다른 소리가 끼어들어 내 목소리는 묻혀들었다. 몇 명의 로지 직원이 위엄있는 말투로 각국 정부에 보내는 지령을 선언하는 중이었다.

아래층의 긴 의자는 물론 위층의 집회장 역시 사람들로 만원이었다. 고위 일루미나티를 위해 마련된 일곱 자리 중 여섯 자리는 이미 주인을 찾았고 최고 권좌인 그랜드오리엔트 자리만 공석이었다.

맞은편에서 가면을 쓴 한 남자가 나를 찬찬히 훑어보는 시선을 의식하는 순간 알 수 없는 공포가 밀려왔다. 무엇에든 담대하리라 다짐했지만 심장이 요동쳤다. 파샤가 아닐까 추측했는데, 후에 그임을 확인할 수 있었다.

회의가 끝나자, 파샤는 새벽 3시 아이비어리홀에서 열리는 모임에 참석할 것을 권유했다. 시간은 금방 흘러갔다. 아버지와 함께 로지 중앙 바로 아래에 있는 지하실로 내려갔을 때, 참석자들은 모두 가면을 벗은 채 자리에 앉아있었다.
파샤가 웃음 띤 얼굴로 나를 맞아 자신의 옆자리에 앉혔다. 테이블을 따라 빙 둘러앉은 여섯 사람은 어지간히 취기가 올라 있었다.
이슬람교가 정한 아침 6시가 되어도 연회는 끝날 줄 모르고 이어졌다. 이윽고 지하실은 난교의 장으로 변해갔다. 나는 차마 입에 담지 못할 제안을 받고 공포에 질려 아버지를 찾았다.
집으로 돌아오는 마차 안에서 아버지는 시종 말이 없었다. 자신의 동료들이 절도를 잃어버린 무리라는 사실을 너무나 잘 알고 있었기 때문이다.

하루가 지나도 몸에 밴 후카터키담배 냄새가 가시질 않았다. 나는 소파에 몸을 던진 채 지난 밤의 소름끼치던 광경을 떠올렸다. '그처럼 역겹고 어리석은 쾌락을 탐닉하는 자들은 도대체 누구란 말인가, 그들에게는 어떤 비밀이 존재하는 것일까?'

나는 저속하고 난잡한 그런 비밀결사에 추호도 가담하고 싶지 않았다. 하지만 애석하게도 내 안에서 난교 뒤편에 숨겨진 뭔가를 캐내고 싶은 욕망이 꿈틀거렸다.

정적이 감도는 로지의 본전에서 본 흰 대리석상, 금발의 요정, 그리고 마치니 옆에 서있던 나 자신의 모습을 떨쳐버릴 수 없었다. 나는 알 수 없는 '어떤 힘'에 짓눌려 있었다.

얼마 후, 아버지가 로지에서 깃발 수선하는 일을 거들어달라고 부탁했다. 뭔가 다른 계획이 있음을 눈치챘지만 순순히 그러겠다고 대답했다.

한창 깃발을 수선하는 중에, 아버지가 살짝 방을 빠져나가는 것을 알아차리고 조심조심 뒤를 밟았다. 그러나 두 번째 문을 막 나서려는 찰나 아버지에게 들키고 말았다. 아버지는 돌아가라고 충고했다.

나는 "데려가 주세요! 저도 사리분별은 할 줄 알아요. 비밀결사의 내막을 좀 더 알아야겠어요." 하고 매달렸다. 마침내 아버지의 허락이 떨어졌다. 우리는 미로 같은 계단을 따라 내려가 꽤 깊은 지하층에 도착했다.

지하실에는 고문도구들과 피로 물든 머리, 두 손, 두 팔, 두 다리가 여기저기 나뒹굴고 있었다. 죽음의 흔적이 역력했다.

아버지는 이곳에 있던 두 개의 '인형'을 살피러 왔던 것이다. 한 인형은 왕관을, 다른 인형은 교황의 삼중관을 쓰고 있었는데, 사람과 흡사한 이들 인형에서 선혈이 뚝뚝 떨어지고 있었다. 그들 옆에는 이곳에서 벌어진 일을 대변하듯 피 묻은 단도가 놓여 있었다.

나는 마침내 '악마의 요정'이 악마 루치펠에게 피의 산 제물을 바치는 장소에 와있었던 것이다. 앞으로 요정이 될 사람은 바로 나라고 하지 않았던가! 인간의 피에 굶주린 프리메이슨, 그들의 무시무시함에 미쳐버릴 지경이었다.

그 순간 안개 속에서 일곱 머리 용이 내게 다가오는 환영이 보였다. 용이 내 앞에 서는 순간 나는 정신을 잃고 바닥에 쓰러졌다.

몇 시간 뒤, 내 방 침대에서 눈을 뜨자 공포로 굳어진 아버지의 얼굴이 보였다. 내가 미쳐서 발작을 일으켰다고 생각한 걸까…. 아버지의 뺨에 흐르는 눈물을 보고 감동해서 막 고마움을 표시하려는 순간 아버지가 먼저 입을 열어 불만을 늘어놓기 시작했다. 그 눈물은 딸이 안타까워 흘린 눈물이 아니었다. 이번 사건으로 자신의 입장이 위태로워질까 두려웠던 것이다.

"네 말을 듣는 게 아니었어. 심사도 받기 전에 비밀을 알아버린 사실을 그랜드오리엔트가 안다면 우리는 고문실에서 죽거나 할렘에 처박힐 거야."

아버지에게 걱정말라고 하고는 귀찮아서 잠든 척했다. 벽으로 눈을 돌리자 피가 벽을 타고 흘러내리는 착각이 들었다.

'나는 메이슨이라는 비밀집단이 외부의 힘이 미치지 않는 지하실에서 살인의례를 치르는 현장을 목격했다. 이제야말로 그들의 여왕이 되어 비밀을 파헤칠 때다. 이 같은 범죄를 고발한다면 하느님께서도 칭찬하실 것이 틀림없지 않은가.'

나는 이제까지 겪었던 온갖 공포와 불쾌감, 그리고 절망감을 무엇으로든 보상받고 싶었다.

아버지는 나를 혼자 내버려두지 않았다. 해가 저물어 저녁을 먹었지만 무엇을 입에 대든 피 맛이 났고 복수심만 솟구쳤다.

'모든 사실을 터키경찰에 고발할까? 그러면 뷰크델Büyükdere의 그랜드로지나 갈라타Galata에서 아버지와 파샤가 체포될 테고 다른 자들도 모두 같은 처지가 되겠지. 그리고 나서 이 불쾌하기 짝이 없는 비밀결사에 대항해 전 세계인이 참전하는 십자군을 결성한다면….'

그날 밤, 아버지는 보스포루스Bosporus 해협으로 나가 바닷바람이라도 쐬자고 나를 구슬렸다. 나는 복수로 불타는 마음을 조금이라도 진정시키려 따라 나서며 하느님도, 악마도 실로 엄청나게 여겨져 어느 쪽도 섬기지 않겠다고 마음을 다잡았다.

우리를 태운 배는 타라비야Tarabya를 향해 바다 위를 미끄러져 갔다. 수면에 비치는 아름다운 밤하늘에 황홀해진 내 영혼은 평화를 향한 갈망으로 소용돌이쳤다. 바다 속에 감춰진 형용할 수 없는 신비로움에 나는 서서히 빠져들었다.

배가 예니쾨이Yeniköy에 다다를 무렵, 나는 깊은 바다의 품에 안기는 행복한 삶을 상상하며 물 속으로 몸을 던졌다. 아버지는 보스포루스 바다 깊은 곳에서 나를 결사적으로 끌어냈다. 나는 이미 의식이 없었다.

그로부터 8일 동안 나는 생사의 갈림길에서 헤맸다. 아메드 파샤는 내 상태를 살피기 위해 매일 방문했고 많은 문병객들도 찾아와 이름을 남겼다. 하지만 누구도 만나지 않았다.

간신히 건강을 회복한 나는 이탈리아로 돌아가게 해달라고 아버지에게 간청했다. 아버지는 나에게 다시는 자살을 시도하지 않겠다는 다짐을 받고 마지못해 허락했다. 그리고 계속 연락하라는 당부와 함께 떠나기 전에 메이슨의 유력인사들에게 작별인사할 것을 재촉했다.

그 누구보다 먼저 아메드 파샤와 작별인사를 나누어야 했다. 나는 연신 이별을 애석해하는 그와 마주앉아 한동안 일상적인 대화를 나누었다. 로지 입단에 관한 얘기를 피해 한마디 한마디 신중을 기하던 파샤가 드디어 관계를 지속하고 싶다는 의사를 내비쳤다. 그러고는 파리 로지 입단에 관하여 궁금한 사항이 있는지 넌지시 물었다.

"파리에는 가지 않습니다. 이탈리아로 돌아갈 생각입니다."

나는 거절 의사를 분명히 밝혔다.

"파리는 그대를 사로잡기에 충분하다오. 게다가 파리에서도 그대가 합류하길 소망하고 있지."

"절대로 싫습니다!"

나는 발악하듯 소리쳤다.

"유감이로군. 어찌 되었거나 잊지 않으리다. 그대는 지성과 인정이 있소. 그대는 아름답고 신중하지만 편파적 사고를 하고 있군. 그래도 결국 우리의 자랑이 될 것이오."

나는 더 이상 할 말이 없다는 의사를 밝히고 입을 다물었다. 그러자 파샤는 작별의 표시로 그리스의 터키대사에게 문서를 전달해달라고 부탁했다.

'믿을 만한 사람이 나밖에 없다니!'

올가미의 그림자를 의식하며 파샤를 쏘아봤다. 하지만 그는 단단히 밀봉한 다섯 개의 두툼한 꾸러미를 묵묵히 내밀었다. 나는 노예처럼 그것을 받아들고 말았다.

파샤는 일루미나티의 인사법을 일러주고 유대교의 랍비 같은 말투로 말했다.

"영이 그대를 수호하여 우리 곁으로 돌아오게 하기를. 오오, 눈부시고도 힘 있는 일루미나티의 요정이여! 여자들 가운데서 용에게 선택받은 성스러운 몸이 될지어다!"

2주 후, 나는 여객선 세잔틱호에 몸을 실었다. 내가 이탈리아에 빠져 그리스 방문을 포기하지 않을까 염려한 로지가 스파이를 보내 미행한다는 사실을 까맣게 모른 채.

꾸러미를 아테네에 전달하느라 원래 목적지인 이탈리아 제노바에 도착하기까지 한 달이 넘게 걸렸다. 어머니는 항구에 나와 나를 맞아주었지만 아버지와 함께 있었다는 이유로 쌀쌀맞게 대했다.

이탈리아에서 지내는 두 달 동안 나는 두 명의 청년에게 프로포즈를 받았다. 어머니는 부자가 아니라는 이유로 두 사람 다 거절했다. 어쩌면 지나치게 훌륭한 그 크리스천들을 내가 망쳐

놓을 것을 우려해 그랬을지도 모르겠다. 그들 중 한 남자에게는 호감이 있던 터라 어머니가 원망스러웠다.

그로부터 얼마 후, 다니엘Daniel이라는 백작이 내게 관심을 보이기 시작했다. 어머니도 그에게는 호감이 가는 듯했다. 그는 출중한 용모에 젊고 무엇보다 부유했다. 나는 그의 순수함에 마음이 끌렸다.

다니엘 백작은 함께 파리로 떠나자고 날마다 나를 채근했다. 내 과거를 혐오스러워하는 어머니에게서 벗어날 절호의 기회였으나 일루미나티를 고발하는 나의 사명을 완수하기 위해서 아메드 파샤의 편지를 기다리기로 했다.

어느 날 오후, 드디어 파샤의 편지가 도착했다. 장황하게 칭찬을 늘어놓은 뒤 그는 이렇게 제안했다.

'당신의 미래가 아직 결정되지 않았다면, 특별히 고귀한 지위를 당신에게 제의합니다. 내 친구가 중요한 일을 맡길만한 교양 있는 상류계급 여성을 물색 중이랍니다. 일의 내용은 차후에 알려드리지요. 서둘러 출발하면 파리에서 나와 만날 수 있을 겁니다. 반가운 소식 기다리겠소.'

나는 즉시 떠나기로 결정했다. 이 견디기 힘든 생활에서 빨리 벗어나고 싶었다. 그리고 이제는 다니엘 백작과도 거리를 두고 싶었다.

편지를 다 읽을 무렵, 다니엘이 방으로 들어왔다. 편지에 눈길을 보내던 그가 누가 보냈는지 집요하게 캐물었다. 내가 대답을 피하자 다니엘은 질투심을 드러내며 막무가내로 편지 일부를 빼앗아갔다.

그는 한눈에 일루미나티 인식문자를 알아봤다. 그 역시 프리메이슨이었던 것이다. 당시 그도 뭔가 메이슨의 임무를 수행하고 있었음이 분명했다. 필시 내가 파리에 머물기 바랐던 아버지의 명령을 받고 있었을 것이다.

"세상에! 당신 상대가 그랜드로지의 최고 지도자라니!" 하고 그가 외쳤다.

"그걸 어떻게 알죠?"

그는 감탄만 할 뿐 아무런 대꾸도 하지 않았다. 부득이 편지 전부를 그에게 보여주자 "날이 밝으면 함께 출발하자."고 재촉했다. 나는 내 평판에 흠이 생기지 않도록 혼자 떠나겠다며 그 제안을 거절했다. 둘밖에 없음을 확인한 다니엘은 나를 마치 노예처럼 다루며 추행했다. 그날 밤 내내 나는 증오와 복수심으로 흐느껴 울었다.

다음날 나는 프리메이슨이 되기로 결심하고 아침을 맞았다.
'내가 '악마의 요정'이 되길 바란 것은 그들이다. 난 그들의 소원을 들어주겠다. 내가 권력을 잡게 되면 나를 폭행하고 불쾌하기 짝이 없는 공포를 맛보게 한 사내들에게 기필코 복수할 테다! 나는 그들을 한 사람도 남김없이 지옥에 처넣겠다.

이 복수를 완벽하게 달성하려면 먼저 그들의 비밀을 낱낱이 파헤쳐야 한다. 그리고 나서 그들의 비밀을 전세계에 폭로하자. 온 세계가 충격에 싸여 그 악마 같은 프리메이슨과 로지의 신전을 쳐부수기 위해 들고 일어날 것이다.'

내게 도덕성만을 강조한 어머니에게는 애석한 일이지만 내 단정치 못한 행실을 어머니 탓으로 돌리고 작별을 고했다.

'지금까지 나는 자랑스러운 딸이었지만 이제부터 여든 살의 능구렁이, 아메드 파샤의 노리개가 될 것이다. 메이슨의 비밀을 모두 알고 나면 그에게도 복수의 칼날을 들이대겠다. 어머니가 그토록 믿고 있는 다니엘 백작도 여자의 서릿발 같은 복수를 맛보게 해주자. 그로서는 상상도 못할 일을 겪게 되었을 때 그때 가서 경멸에 찬 표정으로 비웃어주자.

그는 지금 50만 리라를 가진 재력가이지만 곧 전 재산을 잃어버릴 것이다. 결국 명예를 박탈당하고 엄청난 빚을 짊어진 채

도브해협에 빠져 죽는 꼴을 보고 말겠다. 그런 후에는 신도, 자비도, 가족도, 사랑도 모두 버리고 살아가자. 해가 떠오르면 고개를 들고 나만의 신에게 맹세하리라. 복수와 증오가 내가 섬기는 신입니다! 라고.'

그때, 텅 빈 무한공간의 저편에서 목소리가 울려왔다. 그 소리는 내 뼛속까지 파고 들었다.

"바로 그거다! 복수와 증오, 그것이 바로 너의 이름이다!"

미국 대통령 제임스 가필드와의 밀의密議

　다음날인 1875년 6월 29일 아침, 다니엘 백작과 함께 나는 파리로 향했다. 파리에 도착한 그날 저녁 우리는 악평이 자자한 예술가 클럽을 찾았다.

　내 미모를 과시하며 우쭐해있던 다니엘은 이탈리아에서의 치욕을 보상이라도 하려는 듯 나를 위해 최고급 요리를 주문했다. 아메드 파샤와 불쾌한 만남을 앞둔 내게 그나마 위안이 되었다.

　다니엘은 프리메이슨과 관련된 일을 대부분 알고 있었다. 그러나 그도 내 아버지도 '큰 비밀의 힘'에 의해서만 움직이는 노예에 불과했다. 그것은 내가 터키의 로지에서 경험한, 저항하려

했지만 대적할 수 없었던 어떤 '힘'의 정체였다.

  나는 아버지나 다니엘보다 높은 위계의 메이슨만을 상대할 작정이었다. 그런 까닭에 다니엘이 나를 자신의 연인으로 소개할 때마다 나는 터키 그랜드오리엔트가 속한 최고 로지에서 왔음을 넌지시 내비쳤다.

  돌연 한 남자가 안경을 올리며 질문을 던졌다.
  "당신이 아메드 파샤가 보낸 분인가요?"
  자국의 분쟁과 반란으로 파샤가 미처 파리에 오지 못한 사실을 알고 있었던 나는 답변을 회피했다. 그럼에도 그가 집요한 시선을 거두지 않아 고개만 끄덕였다. 그러자 그는 다니엘에게 물러가라는 신호를 보냈다. 불쌍한 다니엘은 장거리전화를 핑계로 자리를 떠났다.

  당시 44세, 신장 180센티, 푸른 눈에 수염이 덥수룩한 그 남자의 이름은 제임스 가필드James Garfield 1831-1881였다. 소설처럼 기구한 삶을 살았던 그는 우리가 만난 그때로부터 6년 후인 1881년, 헤이즈에 이어 20대 미국 대통령이 되어 백악관에 입성했다.

  1831년 11월 19일, 가필드는 오하이오주 오렌지카운티의 가난한 오두막집에서 다섯 형제 중 막내로 태어났다. 그가 한 살

되던 해 부친마저 목에 생긴 질병으로 사망하자 그의 가족은 더욱 궁핍한 생활을 이어갔다.

목수, 선원, 편집자, 교사 등 다양한 직업을 전전하던 가필드는 26세에 이르러 히람 이크렉틱Hiram Eclectic의 연구소장이 되었고 그곳에서 헤브라이어를 비롯한 고전을 가르치면서 변호사가 되어 의회로 진출했다.

1858년 루클레티아와 결혼해 슬하에 5남 2녀를 두었던 가필드는 남북전쟁 당시, 서른 살의 최연소 북군장교로 참전해 실로 영웅적인 활약을 펼쳤다. 후에 육군소장으로까지 진급한 그는 비록 남군의 승리로 끝났지만 1863년 치카모전투에서 특히 많은 일화를 남겼다.

그 후 메이슨이 된 가필드는 미국에서 보내는 시간과 거의 같은 시간을 유럽에서 지내면서 프랑스 그랜드로지의 최고 의장 자리를 차지하고 있었다.

그토록 저명 인사인 가필드가 내게 공손히 머리를 숙였다.
"긴요하게 드릴 말씀이 있습니다. 저와 함께 해주십시오."
우리는 특별실로 자리를 옮겼다. 단 둘이 되자 그는 안면을 바꿔 폭군 같은 말투로 말했다. "연극은 끝났어! 당신은 내 손안에 있어. 그 이유를 설명해줄까?"

흠칫 놀라 저항했으나 그는 말을 멈추지 않았다. 내 손으로 그리스의 터키대신에게 전달한 기밀문서가 협박도구로 이용되고 있음을 곧 알아차렸다. 선동적인 그 혁명문서를 그리스에 전달한 나를 당국에 고발할 수도 있다는 협박이 이어졌다.

"왜 저항하지? 이스탄불에서 아테네로 극비리에 전한 문서를 기억할 텐데. 당신은 프랑스와 동양의 관계가 가장 긴박한 시기에 서류를 운반한 셈이야. 그 문서는 프랑스 정부에 발각되었지. 그것은 발화 직전의 화약과 같아.

그 화약을 들여온 사람이 당신이라는 사실이 알려지면 다니엘 백작과의 허니문이고 뭐고 다 끝이야. 그렇다고 두려워할 건 없어. 내 말만 들으면 우리는 좋은 친구로 지낼 수 있으니까. 우린 당신의 가장 열성적이고 충실한 부하가 될 거야."

내가 당황해 평정을 잃자 가필드도 초조한 기색을 띠었다.
"이건 요청이오. 당신만이 특수한 임무를 수행할 수 있다고 믿고 있소. 우리를 위해 당신을 바치는 거야, 그 미모도 젊음도 모두 말이지! 누군가를 죽여야 할 때도 두려워하지 마시오. 우리가 당신 목숨을 구해주겠소!"

망설이고 있는 내 의중을 살피던 그가 덧붙였다.
"원하든 원치 않든 당신은 우리 손아귀에 있어. 아메드 파샤도 말했겠지. 우리를 이끄는 '위대한 힘'으로부터 누구도 도망칠 수 없다고. 우리를 돕든지 부질없는 싸움을 걸어 죽음을 자초하든지 둘 중 하나야. 당신은 영리하니까 사태를 잘 파악할 거야. 우리와 손잡는 게 신상에 좋다는 걸."

그는 계속해서 말을 이어갔다.
"우리와 한 배를 타면 당신의 정열적인 영혼에 걸맞은 양식을 제공하지. 당신이 갈망하는 모든 걸 충족시킬 수 있어. 이 세상에 없는 것을 얻으려는 당신의 소망조차 완벽하게 채워지게 돼. 지금은 말할 수 없지만 황홀한 명예와 기쁨이 기다리고 있어. 인류 전체의 운명을 결정하는 일에도 관여하고 여왕으로서 인간의 생사를 판가름할 수도 있다고."

지옥으로 가는 길이 나의 숙명이란 말인가! 말문이 막혔다. 이렇듯 뻔뻔한 말을 태연스레 지껄이다니. 남자의 눈을 애써 되쏘아 보았다. 그러나 사람을 끄는 그의 매력에 마음이 흔들렸다. 기품은 부족했지만 권위있는 눈빛은 복종을 명령하고 있었다. 언뜻 그의 눈 속에 연모의 불길이 신비하게 어른거렸다.
'이 콧대 높은 삼손을 이기려면 데릴라가 그랬던 것처럼 한 번은 굴복해주리라.'

그가 마치니의 보석을 낀 모습을 상상해 보았다. 옆에서 그를 조종하는 전능의 요정이 된 내 모습도 그려보았다.

'두 눈에서 악한 불길을 내뿜는 저 용에게 재갈 물리는 일을 이 사람이라면 도와줄지 몰라.'

이렇게 상상하니 입가에 웃음이 배어 나왔다. 그 또한 음모의 동지가 되어 미소지었다. 다분히 음산한 둘의 만남이 암묵적인 합의에 도달하자 우리는 주문한 샴페인을 마셨다. 그동안 신사를 가장하고 있던 가필드는 현기증을 일으켜 휘청거리는 나를 취기를 앞세워 범했다.

밤이 이슥해지자 그는 금방이라도 까무러칠 것 같은 나를 호텔까지 바래다주며 말했다. "당신이 부르면 만사 제치고 달려가리다. 조만간 연락을 기다리겠소."

그로부터 한 시간쯤 지나서 다니엘이 돌아오는 소리가 들렸다. 나는 벨보이에게 메모를 전해달라고 했다.

"비열한 인간, 꼴도 보기 싫어! 어디로든 꺼져버려!"

상처입은 자존심과 분노로 가슴이 터질 지경이었다. '가필드라는 새로운 표적이 생긴 지금, 잠시 동안만 그의 권위에 복종하자. 그의 사랑을 빼앗은 다음 나를 욕보인 대가를 치르게 하자. 당장은 그의 뜻에 따르지만 언젠가는 그를 영광의 자리에서 끌어내리겠다!' 이런 생각으로 내 심장은 달아올랐다.

제임스 가필드

다음날 아침, 다니엘이 방문을 노크했지만 열어주지 않았다. 나를 농락했을뿐더러 다른 사내한테 넘기기까지 한 자가 아니던가! 서둘러 옷을 갈아입고 호텔 뒷계단으로 빠져나왔다. 그리고 가필드에게 편지를 썼다.

'당신의 조언을 따르기로 결정했습니다. 만나서 원하는 것을 말씀드리겠습니다. 오후 10시, 골든하우스에서'

심부름꾼에게 편지를 보내고 나니 오히려 마음이 홀가분해졌다. 나는 이 남자를 이용해 반드시 복수에 성공할 것이다. 미용사를 불러 머리를 매만졌다. 가능한 한 아름답게 보이기 위해 옷에도 화장에도 특별히 공을 들였다. 준비를 끝내고 골든하우스로 향했다.

먼저 와서 기다리던 가필드가 정중하게 다가와 인사를 했다. 그에게 팔을 내밀자 인적 없는 홀을 지나 화려하게 장식된 스위트룸으로 데려갔다.

내가 소파에 앉는 동안 그는 와인과 파스타를 주문했다. 그러고 나서 문을 잠근 열쇠를 내게 내밀고는 옆자리에 앉았다. 나는 그에게 잘 보이려고 멀리서 들려오는 음악소리에 귀기울이는 시늉을 하며 거짓웃음을 흘렸다.

한동안 침묵이 흐르자 그가 조급하게 일어서며 다그쳤다.

"당신이 불러서 왔으니 용건을 말하시오."

주도권을 빼앗기고 싶지 않아 나는 일부러 화제를 돌렸다.

"대관절 프리메이슨이 어떤 조직인가요?"

"알 텐데. 자유를 추구하는 위대한 동지들의 모임이지."

나는 배꼽을 잡고 웃었다. 가필드는 예상 밖의 전개에 당혹스러워하면서도 "당신의 그 활달함이 좋아. 어제처럼 입을 다물고 있는 것보다 한결 마음에 들어."라고 말했다. 답을 얼버무리는 그의 태도가 거슬렸다.

"나처럼 혼기 찬 여자는 한가하게 사색이나 하고 있을 시간이 없답니다. 신사분이 던지는 추파나 꽃을 받고 싶어하죠."

내 말이 끝나자마자 그가 불같이 화를 냈다.

"입 닥쳐! 술김에 당신을 범한 게 아니라 결심을 돕기 위해 계획적으로 한 행동이야. 즐기고 싶으면 딴 사내를 찾아봐. 우리의 미덕은 사랑이 아냐. 긍지와 증오뿐이지. 당신에 관해서는 당신보다 내가 더 훤히 알고 있어. 머릿속에 복수밖에 없는 여자지. 꼭두각시는 조종할 수 있어도 나는 어림없어. 난 출세를 위해서만 행동하는 인간이란 말이야. 사랑 따위가 비집고 들어올 여지가 없다고. 그런 걸 가슴속에 품어봤자 겁쟁이만 될 뿐이야. 내게는 증오밖에 없어."

지금은 복수할 때가 아니었다. 냉정한 그를 유혹하는 일은 다음 기회로 미루었다.

"로지에 들어오길 진심으로 원하는가?"

"네, 시간이 걸리는 심사를 받지 않도록 당신이 보살펴주세요. 모든 걸 당신에게 맡기겠어요."

나는 그의 조언을 따르겠다고 약속했다.

"두려워할 것 없소."

그가 힘주어 말했다.

"당신을 선택한 것은 내가 아냐. 나는 이 일을 원하지 않았어. 이것만은 기억해주길 바라오."

그가 한 말 중에 인간미가 담긴 유일한 말이었다.

"저항하지 말 것, 무슨 일이 있어도 절대 질문하지 말 것, 그리고 최후까지 무조건 따르겠다고 약속하시오. 결단을 내리기 전에 그만두고 싶다면 내게 말만 하면 돼. 그러면 모든 책임과

의무에서 벗어나게 해주겠소."

 이 말은 온갖 암살과 혁명, 테러 계획을 국내에 가지고 들어온 범인으로 나를 정부에 고발하겠다는 의미를 담고 있었다.

 '어제도 똑같은 협박에 시달리지 않았던가.'

 "한번 한 결심은 바꾸지 않습니다. 당신을 따르겠어요!" 하고 말했다. 그러나 가슴 한구석에서는 마침내 이 사내의 약점을 잡았다는 생각이 들었다.

살인 입단식

　가필드는 일단 로지의 정확한 집회장소를 감추는 일부터 시작했다. 나는 외투로 온 몸을 둘둘 감싸고 마차에 몸을 실었다. 무척이나 추운 밤이었다.
　마차가 리옹역을 향해 움직이자 가필드는 주머니에서 비단 눈가리개를 꺼내 내 눈을 가렸다. 말발굽 소리로 진작 시내에 들어섰음을 짐작했지만 마차는 이리저리 길을 에둘러 두 시간 반이 지난 후에야 멈추어 섰다.
　거기에서 나는 다시 머리부터 숄을 뒤집어쓰고 가필드의 손에 이끌려 한참 길을 돌아 무수한 방을 잰걸음으로 통과했다.

셀 수 없이 오르내린 계단은 같은 계단임이 분명했다. 계단 수가 모두 서른 개씩이었기 때문이다.

마침내 그들은 나를 의자에 앉히고 눈가리개를 풀어주었다. 우리는 의상실에 와있었다. 가필드는 내 팔을 잡아 다시 닫혀있는 문 앞으로 데려가 벽에 숨겨진 초인종을 7번, 3번, 1번 누르고 한 번 더 반복했다. 무슨 암호 같았다.

시간이 너무 걸리는 것 같아 내가 초조한 기색을 띠자 지켜보던 가필드가 냉정하게 말했다.

"영이 암묵적으로 결정한 사항은 그대로 지켜야 해. 일루미나티의 철칙이지. 인내심을 가지라고."

갑자기 열린 문 안으로 발을 들여놓았다. 한쪽 벽면이 온통 은몰mogol, 직물의 한 종류 선을 두른 비단으로 장식된 원형 홀이었다. 검게 치장하고 중앙의 테이블을 에워싸고 있는 여섯 남자를 비롯해 모조리 검정투성이라 마치 장례식장에 온 기분이 들었다.

중앙의 빈 의자에 최고 지도자그랜드오리엔트로서 가필드가 자리를 잡았다. 주위를 죽 둘러보니 이스탄불 로지에서 봤던 것과 비슷한 물건들이 간간이 눈에 띄었다.

금속 테를 두른 책이 바닥에 쇠사슬로 고정되어 있었는데 결사의 강령이나 의사록이 실려있는 듯했다. 좌측에 해골이 서있고 상아로 깎아 만든 십자가도 있었다.

'그리스도를 모욕하고 더럽히기 위한 도구들인가…'

참석자 모두가 15분 동안의 명상을 마치자 가필드가 입을 열었다.

"친애하는 형제들이여, 크로틸드 베르송 양을 소개하게 되어 영광입니다. 그녀의 이력은 이미 알고 있을 것입니다. 터키 로지의 최고 지도자인 아메드 파샤가 이미 그녀의 결사가입을 허락했습니다. 크로틸드 양은 입단자의 자격을 충분히 갖추었다고 생각됩니다. 여러분은 크로틸드 양을 프리메이슨의 최고 위계에 추대하는 데 찬성합니까?"

전원이 찬성했다. 이어 가필드는 내게 세 걸음 뒤로 물러나라고 명령하고 내가 신을 증오하고 사탄 숭배를 받아들일 것인가를 확인하는 절차를 진행했다.

"당신은 어느 종교에 속해있는가?"

"어디에도 몸 담은 바 없습니다."

"당신은 세례를 받았는가?"

"네."

"세례에 의해 어떤 성질을 내려받았다고 생각하나?"

"아니오."

"당신은 신을 믿는가?"

"아니오."

"어떤 동기로 로지에 들어왔나?"

"증오와 복수입니다."

"주어진 모든 지령에 따를 것을 약속하겠는가?"

"네."

"로지에 대항하는 자가 있다면 친아버지, 친어머니, 형제자매, 친구 여하를 막론하고 그대는 실행해야만 한다. 살해하라는 뜻이다."

재차 가필드가 투표 항아리를 돌렸다. 그들은 내 앞에서 지체 없이 구슬을 던져넣었다. 일곱 개 가운데 여섯 개가 빨간 구슬 찬성이었다. 뜻밖에 가필드는 반대표 검은 구슬를 던졌다.

나를 작은 방으로 안내한 가필드는 3일간 홀로 지내라고 지시했다. 그곳에는 내 마음속 열망뿐 책도 오락시설도 없었다. 지금 치르려는 이 시험에는 많든 적든 경고가 내포되어 있는 듯했지만 갇혀있는 사람을 죽일 것 같지는 않았다. 나는 새롭게 전개되는 상황을 웃으며 받아들였다.

가필드는 미소를 거둔 채 슬픔과 우려가 담긴 눈빛으로 나를 바라보았다. 그의 심경을 내 나름대로 해석했다.

'너는 내 곁에서 호락호락 지배권을 쥘 수 있으리라 꿈꾸겠지만 그것은 엄청난 희생을 치르고야 얻을 수 있다. 경망스러운 작은 새여! 이것은 경고다. 네가 미래의 여왕이 되는 것은 내가 너의 애인이 되는 것과 마찬가지로 불가능하다.'

그는 유유히 방을 나가 밖에서 자물쇠를 채웠다. 사람을 조롱하는 이런 처사에 분노가 치밀었다. '3일쯤은 금방 지나갈 거야. 더 고통스러운 시련도 잘 견뎌왔는데.'라며 스스로를 달랬다. 식사는 작은 창으로 들어왔다. 앙갚음할 일을 상상하며 시간을 보내다가 때때로 잠에 곯아떨어졌다.

3일째 되는 날, 한밤중에 예의 그 '7, 3, 1' 암호소리가 두 차례 들려왔다. 황급히 겉옷을 입자마자 가필드가 안으로 들어왔다. 그는 비열하고 냉혹한 표정을 띠고 서서 무덤 속에서 울리는 듯한 음성으로 말했다.

"시간이 됐다. 크로틸드 베르송, 준비는 다 됐나?"

사형집행인 같은 그의 태도가 몹시 불쾌했다.

"네, 옷을 막 갈아입던 참입니다."

"그대로 됐어, 따라오지."

그는 나를 의상실로 데리고 가더니 무릎을 꿇리고 마치 은혜라도 베풀 듯이 말했다.

"오랜 시간 거쳐야 하는 불쾌한 단계를 뛰어넘어 그대는 바로 로지에 들어왔소. 내가 형제들 앞에서 보증을 선 덕분이지. 내가 한 일을 후회하지 않도록 행동해주길 바라오."

나는 "당신에게 그런 부탁한 기억이 없습니다."라고 힘주어 말했다. 그의 얼굴에 노여운 기색이 떠올랐지만 곧 말을 삼키는 듯했다.

"그대에겐 용기가 있는가?"

"눈으로 보고 계시지 않습니까."

"당신 옷이야, 입어."

가필드는 들고 있던 옷을 내게 건넸다. 옷 위에는 카드 한 장이 놓여 있었다.

'옷을 입고 나면 목에 새끼줄을 걸고, 머리를 풀고 맨발로 기다리시오.'

옷을 펴 본 순간 나는 전율했다. 그것은 선혈로 얼룩져 있다. 입단식은 뻔한 눈속임 정도가 아니라 죽음에 필적하는 통과의례를 거쳐야 한다는 사실을 비로소 깨달았다.

'저 중세 도시 이스탄불은 제쳐놓고라도 근대 문명의 중심 도시인 파리 한복판에서 백주에 무고한 살인을 저지른단 말인가!

이 입단식에서 내가 죽어 없어진다 한들 누가 눈치나 챌 수 있을까, 나를 걱정해줄 사람이 과연 이 대도시에 있기는 한 걸까, 내 혈육 중 누가 나를 염려해줄까, 내가 묵고 있는 호텔 지배인조차 돈이 없어 줄행랑쳤다고 여길 게 뻔하지 않은가.'

나 이전에 숱한 여인이 이곳으로 유인되어 살해당했을지 모른다는 두려움이 몰려왔다. 하지만 돌이킬 수 없는 상황이었다. 내 의사와 달리 엉뚱한 사태가 벌어져도 받아들일 수 밖에 없었다. 나는 부들부들 떨며 옷을 갈아입었다. 그리고 새끼줄을 목에 걸었다.

그랜드오리엔트의 지시에 따라 그랜드마스터가 마지막 명령을 내린 후 내 눈을 가렸다. 로지를 향해 가는 중에 머리 위에서 음산한 음악과 찰랑찰랑 쇠사슬 소리가 울려왔다.

그랜드마스터는 의례에 따라 두 발짝과 두 발짝, 두 발짝과 한 발짝의 특이한 걸음걸이로 내게 다가와 내 양손을 사체에 얹게 했다. 눈을 가린 채 해골의 구석구석을 더듬고 있으려니 공포감보다 꺼림칙한 불쾌감이 가슴을 내리눌렀다.

그때 누군가 내 뺨을 세차게 후려쳤다. 그 바람에 나는 강한 분노에 사로잡혔다. 이어서 그들은 내 무릎을 꿇리고 등을 젖히더니 목에 단검을 들이댔다.

이런 고통스러운 자세로 나는 맹세해야 했다.

1. *나는 일절 이유를 묻지 않고 로지의 모든 지령에 무조건 따를 것을 맹세합니다.*
2. *나는 메이슨 이외의 어떤 종교도 가지지 않을 것을 맹세합니다.*
3. *나는 어떠한 압력에도 굴하지 않고, 로지의 목표에 반대하는 어떠한 적도 타도할 것을 맹세합니다.*
4. *이 서약을 어길 시에는 지금 이 가슴에 들이댄 단검이 나를 찌를 것입니다.* 당시 24세로 메이슨의 그랜드마스터였던 로스차일드가 목이 잘린 채 발견되었으나 그 사건으로 인해 재판받은 사람은 아무도 없었다

나는 그랜드마스터의 명령에 따라 일어나서 형제들 앞으로 걸어갔다. 그들은 혐오감을 드러내며 나를 밀쳐냈다. 마치 내가 심사에 탈락된 듯한 태도였다.

마지막으로 가필드가 내 팔의 정맥을 끊었다. 뚝뚝 떨어지는 피를 잔의 3분의 1까지 채우고는 상처에 붕대를 감아주었다. 그들은 그 피에 쌀을 섞어 마신 다음 내게 단검을 쥐어주며 등신대인형 앞으로 이끌었다. 그들은 내가 눈물 흘리며 목숨을 애걸하는 가련한 희생자를 대면하지 못하도록 등신대等身大인형 속

에 살아있는 제물을 감추어두었던 것이다.

사탄루치펠은 처음부터 살인자였다는 사실을 상기하길 바란다.요한 8.44 신참자는 악마에게 호의를 얻기 위해 반드시 살인의 례를 치러야만 했다.

그들은 등신대 인형이 사체에 불과하다는 말을 내게 되풀이하며 나를 최면상태에 빠뜨리기 위해 헤브라이어 주문을 외우기 시작했다. 그리고 그랜드오리엔트 명령에 따라 참석자 모두가 "그녀는 저주받았다!" 하고 노래했다.

노랫소리가 그치기를 기다리고 있던 그랜드오리엔트가 드디어 인형을 가리키며 내게 찌르라고 명령했다. 방 전체가 빙글빙글 도는 것 같았다. 나는 식은 땀으로 흠뻑 젖은 단검을 쳐들었다. 그 순간 이스탄불에서 보았던 지하실의 광경이 떠올랐다. '악마를 위해 이 죄없는 산 제물을 죽여야 하는가.' 하는 자각이 들어 잠시 멈칫했다.

가필드의 경멸에 찬 시선이 '내가 말한 대로 당신은 약한 여자에 불과할 뿐이야. 우리를 지배할 리 만무하지.' 하고 비웃는 것 같았다.

그가 삼각대에 놓인 청동사발에 허브를 던져넣자 일순간 큰 불길이 일더니 부글부글 연기가 피어올라 실내가 뿌옇게 흐려졌다.

살해지령을 어겼을 경우, 나를 단검으로 찌르겠다고 위협이라도 하려는 듯 모든 참석자들이 단검을 빼들고 지켜보고 있었다. 그랬다. 그들은 이미 입단식 때 살인을 저지른 사람들이었다. 온몸이 후들거렸다.

나는 한 발짝 뒤로 물러나 인형 위에 붙은 파리장식에 온 신경을 집중했다. 그리고 날카로운 웃음소리를 내며 단검을 힘껏 쳐들어 애처로운 인간을 향해 휘둘렀다. 뜨거운 선혈이 솟구쳐 내 양 어깨로 튀었다.

나는 죄의식에 사로잡혀 한동안 죽은 듯이 쓰러져 있었다. 결국 나는 살인자, 살인청부업자가 되고 말았다. 나는 급기야 신의 피조물 가운데 최악의 존재, '인마人魔'가 된 것이다. 이것이 바로 영원한 지옥으로 떨어지는 세례식인가!

이윽고 그랜드마스터가 나를 일으켜 세웠다. 두 조직원이 산 제물이 입고 있던 천으로 나를 감싸자 가필드가 귓가에 속삭였다.

"자, 이제 무릎을 꿇고 너 자신을 맡겨라. 우리가 숭배하고 우리를 인도하는 마신 루치펠에게! 불신자여, 무릎을 꿇어라!"

소위 세례 직후의 신앙선언이 이어졌다. 나는 바닥에 엎드렸다. 그토록 사탄에게 큰 희생을 바쳤음에도 마음으로는 여전히 사탄을 받아들일 수 없었다.

입단 여부를 결정하는 동안 그랜드마스터가 나를 의상실로 안내했다.
"한 시간만 기다리시오. 기쁜 소식을 듣게 될 테니."
드디어 지옥의 시험을 통과한 것인가! 그렇지만 마음속 깊이 박힌 상처를 치유할 시간은 그리 많지 않았다.
아직 피에 젖어있는 머리카락을 땋아내렸다. 그리고 푸른 캐시미어의 가장자리에 금박의 리본장식이 달려있고 두 개의 금속으로 어깨를 고정하는 의상으로 갈아 입었다. 망치, T십자, 주사위 등 프리메이슨 특유의 상징들이 뒤섞인 칠흑같이 검은 비단외투도 준비되어 있었다.
로지의 여인만을 위한 이런 호사스러운 옷을 걸쳐도 실감이 나지 않았다. 흡사 내 몸에서 혼이 빠져나간 것 같았다. 그래도 단 하나 내 안에서 괴롭게 숨을 헐떡이는 것이 있었다. 바로 복수였다.

내가 그랜드마스터와 함께 신전으로 돌아오자 샹들리에가 일제히 불을 밝혔다. 좌석은 이미 꽉 차있었다. 축제와 승리의 기분을 만끽하려는 듯 온통 새하얗게 치장한 벽에 양탄자와 화환이 기둥마다 걸려 있었다.

곧이어 토가 밑에 흰색 에이프런을 두른 메이슨들이 속속 입장했다. 그들 중 왼쪽 어깨에 매달린 황금색 태양심벌로 고위 메이슨을 식별할 수 있었다. 군복차림의 한 남자가 반원테이블 가까이에 서서 옆에 놓인 화로 비슷한 것을 주의 깊게 지켜보는 모습이 눈에 띄었다.

'고문이라도 하려는 걸까?'

그랜드마스터가 테이블 앞으로 나를 데려가자 그랜드오리엔트인 가필드가 내게 비밀결사의 규칙이 인쇄된 문서 하나와 5백 프랑의 수표를 한 달 대부금으로 내밀었다. 모두가 나를 축하해주었다.

잠시 후 화로 옆에 있던 남자가 수행할 '중요한 일'이 무엇인지 알게 되었다. 그의 옆으로 갔을 때 "무릎을 꿇고, 군중들로부터 자유의 형제를 구별하는 낙인을 받아라." 하고 그가 말했다. 그러고는 화로 속에서 달궈진 조그만 쇳덩어리를 꺼내 내 왼쪽 관자놀이에 갖다대는 게 아닌가! 치직치직 살이 타는 소리와 함께 역겨운 냄새가 홀안에 진동했다.

나는 감정을 드러내지 않으려고 필사적으로 견뎠다. 이를 지켜보던 참석자들이 적잖이 놀란 눈치였다. 그들은 상처부위에 진통제를 적신 헝겊을 대주었다. 얼마 후 통증은 가셨으나, 영원히 감수해야 할 '짐승의 낙인'은 그대로 감수해야 했다.

나는 그때까지 복수할 생각으로 꽉 차 사태의 심각성을 제대로 파악하지 못했다.

'이 같은 비밀행위를 하는 진정한 목적이 무엇일까? 세계를 지배하고 예수 그리스도를 멸망시킬 결의를 다지려는 걸까?'

마침내 용에게 나 스스로를 소개할 차례가 다가왔다. 나는 짐승이며 실제로 사탄인 용과 만나는 일에 마음이 한껏 들떠 있었다. 환멸스러운 갖가지 의례에 진저리가 났지만 일곱 머리 용을 떠올리며 인내했다.

'이 짐승이야말로 전 세계 로지의 최고 지배자가 아닌가.'

나는 그때까지 지독히도 끔찍한 일을 저질렀기에 이 젊은 나이에 모든 것을 체념하고 사랑을 버리고 살아가는 길밖에 남지 않았다고 생각했다. 바야흐로 내가 저지른 잔혹한 행위를 정당화할 모험을 찾아나서야만 했다.

"그대가 평범하지 않은 것을 사랑하면 금과 같이 존귀한 것을 얻게 될 것이다."라고 가필드가 말하지 않았던가! 인간의 영혼을 지배하고 지옥을 주관하는, 혹은 이 혼란스러운 세상을 초월하는 힘이 존재한다면 지금이야말로 나타나 나를 위로해주어야 했다.

그런데 내가 다가가도 짐승은 단순한 석상에 머물러있었다. 저 마치니의 그림에서 본 것처럼 짐승의 등에 손도 대보았지만 미동조차 없었다. 나는 이 생명없는 우상에게 충성을 맹세한 후, 로지 전 회원에게 우정의 키스를 했다.

마침내 내가 로지 중앙의 명예로운 자리에 앉자 이를 축복하는 꽃가루가 30여 분 동안이나 쏟아졌고 계속해서 음악이 연주되었다. 이런 들뜬 분위기 속에서도 내 마음은 한결 얼어붙었다.

가필드는 '이교의 사랑' 혹은 '죽음의 축전'이라 부르는 연회에 나를 초대했다. 그 역시 무의미했다. 연회는 4시간 동안이나 이어졌고 연회장 안에 있는 사람들은 모두 시체들 같았다. 아메드 파샤의 로지에서와 마찬가지로, 술과 동성애 등의 온갖 음행에 취한 광란의 파티는 영원히 끝나지 않을 것처럼 여겨졌다. 가필드만 이 광경을 공허하게 바라보고 있었다.

가필드의 안내로 의상실로 돌아온 나는 축제의상을 벗어버리고 평상복으로 갈아입었다. 가필드는 이 퇴폐적인 축제에서 내가 큰 충격을 받았다는 것을 눈치챘다. 무시무시한 입단의례가 내 가슴 속에 얼마나 깊은 화근을 남겼는지에 대해서도.

　그는 아직 나를 영적 우두머리루치펠에게 직접 소개할 때가 아니라고 판단한 듯했다. 헤어질 때 가필드가 말했다.
　"크로틸드, 참고 견디시오. 영적 우두머리는 언제나, 어디서나 한 분뿐이오. 그 모습은 칠흑 같고 공허하지. 우리 자신이 그 힘을 믿지 않는다면 그는 절대 자신을 드러내지 않지. 당신은 발견할 수 있을 거야. 언젠가 당신 안에서 영의 소리가 울려퍼지면 그때야말로 진짜 입단했다는 실감이 나겠지. 금요일에 봅시다."

여 밀사의 탄생

나는 중압감에 짓눌려 며칠 동안 죽은 듯이 누워있었다. 자책감은 예상보다 컸고, 다음날부터 고열이 나기 시작해 한 달간이나 꼼짝없이 침대 신세를 졌다.

살인의 악몽, 구역질나는 음란행위, 짐승 같은 아니 그보다 더한 악마들의 행위들…. 그 모든 환영들을 떨쳐버리려고 나는 안간힘을 썼다. 몸을 추스르기까지 오랜 시간이 걸렸다.

가필드는 매일 밤 찾아와 나를 살피거나 사람을 보내 내 상태를 보고받았다. 가필드는 내가 당분간 금요일 밤 집회금요일 6시부터 유대교의 안식일이 시작에 참석하지 못할 거라고 예상하고 목요일 밤마다 금요집회 불참을 허락하는 메모와 함께 로지에 충성하라는 충고를 잊지 않고 보내왔다.

한편으로 가필드는 내가 침대에서 털고 일어날 시기를 계산하고 있었다. 어느 날, 로지로부터 새벽 2시 반에 호출을 받았다. 이례적인 시간인지라 적잖이 놀랐다. 집회는 보통 저녁 11시나 11시 반에 열렸기 때문이다. 그들은 새로 입단한 회원은 정례회의 마지막에 열리는 '사회부회社會部會'에 참석할 수 있다고 설명해주었다.

나는 하녀의 도움을 받아 옷을 갈아입고 로지로 들어갔다. 이미 여러 사람이 와서 기다리고 있었다. 로지는 헤브라이어로 모두에게 지령을 내렸는데 마지막이 내 차례였다. 외국에 있는 도시에 로지의 소식을 전하는 임무였다. 그들은 내게 밀사의 직무를 맡기려 했던 모양이었다.

일루미나티의 지도자들이 나의 충실함을 시험하려는 것인지 이후로도 여러 번 이런 비슷한 임무를 받았고 나는 미망인으로 가장하거나 가짜 이름을 쓰며 외국을 돌아다녔다.

또 만나야 할 사람을 식별하는 암호도 배웠다. 예를 들어, 내가 "2, 8, 4, 6, 0"이라고 말하면 상대방은 "1, 9, 5, 7, 1"이라고 답했다. 메이슨의 허위와 트릭, 심볼에서 '기수'를 의미하는 최초의 숫자는 정해져있지 않았고 나머지 숫자를 정해진 '기수'에 맞춰 변경하거나 삭제하도록 짜여져 있었다.

나는 허울뿐인 임무를 수행하는 여행이 점차 권태로워졌다. 임무 속에 숨겨진 진짜 이유를 알 수 없었기 때문이다.

한번은 런던의 독일영사에게 1만 프랑의 현금을 전해준 적이 있었다. 나는 그 돈이 선전용인지 뇌물인지 아니면 암살에 대한 답례인지 알고 싶었다. 그러나 아무것도 파악하지 못하고 영수증만 받아 돌아왔다. 사례로 받은 고가의 장식품은 아무런 의미가 없었다.

그러나 로지가 나의 신뢰도를 시험하기 위해 지시한 이런 단순한 추적 여행을 통해 나는 점차 메이슨의 중심사업이 세계 각국 정부를 지원하는 일임을 간파할 수 있었다.

윤리의식이 투철한 마크마옹 MacMahon 1808-1893이 프랑스 대통령 자리에 있을 때, 그레비, 페리, 강베타, 그 밖의 메이슨 지도자들이 프랑스를 손아귀에 넣기 위한 작업을 벌인 일이 있었다.

그들은 먼저 반대진영을 붕괴시킬 계획을 용의주도하게 세웠다. 그때 그들의 숙적은 교황 비오 9세와 로마를 통치하던 안토넬리 추기경이었다.

로마교황청과 추기경의 정책은 메이슨에겐 날벼락이었다. 유럽 각국이 메이슨에 반기를 들고 보수적인 운동을 전개하고 나섰기 때문이었다.

마크마옹

교황 비오 9세 버금가는 국무대신 자리에 있었던 자코모 안토넬리Giacomo Antonelli 추기경은 사제는 아니었지만 1876년 11월 6일 사망하기 전까지 법률가로서, 바티칸 외교부와 성궁전 감독관으로서의 임무를 충실히 수행했다.

그는 로지에 의해 추방당한 비오 9세가 가에타로 귀환할 수 있도록 적극적인 노력을 펼쳤고, 1850년 4월 12일 교황제가 부흥하는 데에도 일조했다.

나는 또 유럽과 아시아의 고위 일루미나티들이 제각기 세력을 확대할 욕심에 사로잡혀 서로 적대시하는 분위기도 감지했다. 그랜드오리엔트들조차 이해관계에 따라 서로 의견이 엇갈렸다. 가필드는 메이슨을 위해 미합중국 탈취에 마음을 쏟았으나 로지 내의 다른 세력은 이 정책에 반발했다. 그들은 독일이 유럽을 지배하는 일에 더 관심이 많았다. 가필드의 숙적은 다름 아닌 독일 수상이며 일루미나티인 비스마르크Bismarck 1815~1898 였다. 나도 언젠가는 둘 중 한 사람을 선택해야 하리라는 예감이 들었다.

날이 갈수록 나는 가필드가 혐오스러워졌다. 그는 사사건건 내 일에 간섭했고 항상 자존심에 상처를 주는 방법으로 나를 다뤘다. 그를 의지할 수밖에 없는 상황으로 몰고 가면서 언제나 내 손이 닿지 않는 곳에서 나를 조롱했다.

나는 '가필드를 용서하지 않으리라. 모든 걸 증오하라는 메이슨의 율법에 따라 그에게 복수하겠다. 공적인 자리에서 그를 애인으로 선택해 복수를 달성하리라.' 다짐하며 그에게 두번 다시 마주하지 않겠다고 선언했다.

그는 이것을 프리메이슨의 '정식 요청'으로 받아들여 충실하게 복종했다. 이별을 종용하는 나의 지령과 위협에 화나고 질투심이 났을 테지만 내 뜻을 거스르지는 않았다.

속만 끓이던 가필드는 언제부턴가 나의 환심을 사기 위해 보석과 가구, 말 등 온갖 선물 공세를 펴기 시작했다. 그 답례로 나는 가끔 오페라극장이나 나이트클럽에 동행해주었다.

자신을 장난감 취급하는 여자에게 막대한 돈을 낭비하는 이 사내를 파리시내의 구경거리로 만드는 일은 더할 나위 없이 통쾌했다. 마침내 그는 도박에도 손을 댔다.

'그렇다고 복수를 이 정도에서 멈출 순 없다. 그를 더욱 깊은 구렁텅이로 처넣겠다.'

어느 금요집회에서 물끄러미 나를 바라보는 가필드의 시선을 느꼈다. 골든하우스에서 다시 마주친 가필드는 다니엘 백작과 다정하게 지내는 것을 질투하며 불결하다는 비난을 퍼부었다. 나는 "당신도 내게 똑같은 걸 요구하지 않았나요?"라고 단호하게 반문했다.

그는 그 사실을 인정하며 고백했다.

"나 자신을 부끄럽게 여기고 있어. 당신을 사랑하오."

이후로도 그는 질투심에 눈이 멀어 로지의 규율보다 자신의 욕망을 채우기에 급급했다. 물론 그의 정열에 불을 지핀 것은 바로 나였다.

그로부터 2~3개월 후, 나는 가필드의 호출을 받았다. 그는 내가 이탈리아어에 능통하고 국정을 소상히 안다는 이유로 이탈리아 여행에 동행할 것을 요구했다.

그러나 로지의 다른 형제들이 가필드의 이런 처사를 못마땅해한다는 사실을 나는 재빨리 알아차렸다. 이는 로지를 배반하는 행위였다. 이제 가필드는 그랜드오리엔트와 일루미나티 지도자인 자신의 지위마저 위태롭게 만들고 있었다.

가필드가 품고 있는 이 감정을 냉혹하게 이용해 나는 거인 삼손의 머리카락을 자르고 마음대로 조종한 데릴라가 되리라 마음먹었다. 정신적, 육체적으로 나를 학대한 그에게 동정심 따윈 없었다.

1876년, 나는 다니엘의 충고를 뒤로 하고 가필드와 여행길에 올랐다. 그리고 부활절 기간에 파리로 되돌아왔다. 그 기간 동안 로지에서는 악마의 성주간 축제가 거행됐는데 예수를 '성교 불능자'라 부르며 우롱하는 축제였다. 여행 보고는 메이슨의 의례에 따라 비밀스럽게 조용히 끝마쳤다.

이탈리아 여행 중에 가필드는 주로 각국 지도자를 연합하는 일을 추진했다. 우선 그는 메이슨이며 이탈리아 지도자인 빅토리오 엠마누엘레 2세를 만나 프랑스의 신좌익 당수를 돕도록 지시했다. 그곳에서 보수파인 마크마옹을 실각시킬 음모도 꾸몄다.

또 가필드는 고위 메이슨이 정권을 장악하고 있던 독일, 오스트리아와 비스마르크가 음모자라는 사실을 모르는 바티칸을 연합시킬 방법을 치밀하게 모색했다.

그런 중에도 형제들 사이에 팽배해 있던 가필드를 적대시하는 분위기가 확연하게 드러났다.

빅토리오 엠마누엘레 2세

로지에 입단한 이후로도 실망의 연속이었다. 나는 여전히 메이슨의 비밀에 한 발짝도 다가서지 못했고 그런 스스로에 실망해 나날이 공허감만 키워가고 있었다.

다니엘에게는 금전적인 도움만 받아들이고 그와 관련된 대부분의 일을 무시했다. 그는 내가 이탈리아에 가필드와 함께 간다고 말하자 펄쩍 뛰며 만류했다. 하지만 계획을 방해했다가는 지하감옥에서 최후를 맞아야 한다는 사실을 누구보다 잘 알고 있었다.

가필드한테서도 어느 것 하나 제대로 알아내지 못했다. 그래도 그가 딱 한 번 이 같은 사기행위를 전혀 믿지 않는다고 시인한 적은 있었다. "우리 위에 '신神'은 존재하지 않는다. 선과 악도, 순결과 미덕도, 육욕과 범죄도, 이 모든 것을 삼켜버리는 것은 '무無'일 뿐이다."라고.

그러나 그리스도에 대한 그들의 증오가 '세계독재'라는 원대한 목표를 품게 했다는 사실만은 분명했다. 그래서 나는 이 비밀을 캐내는 데 조금씩이나마 초점을 맞추었다.

시간이 흘러갔지만 가필드는 한순간도 자신을 흩트리지 않았다. 단 하나의 비밀도 밝혀내지 못한 까닭에 나는 두세 차례 가필드를 인사불성으로 만들었다. 자기 의지만을 밀어붙여 온 한 사내가 술에 취해 무력해지는 꼴을 보며 나는 속으로 쾌재를 불렀다.

가필드는 만취상태에서 이탈리아 궁정의 압력, 그들이 서로에게 품고 있는 질투심과 증오뿐만 아니라 용의 복수에 대해서도 털어났다. 더 많은 정보를 캐내기 위해 나는 그를 더욱 자극했다.

"용 얘기라면 이제 집어치워요. 그 괴물이 도대체 뭐란 말인가요!"

그의 얼굴에 갑자기 공포의 그림자가 드리워졌다. 자세를 고쳐 앉으며 뭔가를 말하려고 했으나 혀가 꼬부라져 제대로 발음하지 못하는 듯했다. 불가사의한 힘에 억눌린 것처럼 보이던 그는 결국 입에 거품을 물고 간질처럼 발작을 일으켰다.

이튿날, 가필드에게 신경쇠약 증세가 있느냐고 물었다. 그는 돌연 안색이 새파래지더니 나폴리탄 나이트클럽에서 밤을 지새우겠다며 방을 나가버렸다. 자신의 영혼을 지배하는 루치펠이 언제든지 영향력을 행사할 수 있다는 사실에 겁을 집어먹었던 것이다.

나는 조심스레 문을 걸어 잠그고 잠자리에 들었다. 그리고 호텔 옆에 있는 성 젠나로성당에서 울려퍼지는 종소리에 잠을 깼다. 오전 11시를 알리는 종소리가 마치 '7, 3, 1' 암호 같이 들렸다. 문득 내방에 들어와있는 가필드가 눈에 들어왔다.

'어떻게 들어왔을까?'

그가 창백한 얼굴을 동쪽으로 돌리고 '성령메이슨의 성령'에게 세 차례 호소하자 눈에 보이지 않는 존재가 방으로 들어왔고 그 순간 가필드는 힘없이 바닥에 쓰러졌다. 잠시 후 천천히 몸을 일으켜 남은 주문을 끝까지 외운 그는 왔을 때와 마찬가지로 수수께끼처럼 사라져버렸다.

나중에 가필드는 내 방으로 들어오며 건강상태를 살피러 왔다는 궁색한 변명을 늘어놓았다. 안색이 나빠 보인다는 말을 반복하던 그가 덧붙였다.

"큰 충격을 받진 않았소?"

"기분 좋게 푹 잤는데요."

내 대답에 동요하는 빛이 역력했다. 내게 무언가 주문을 걸었지만 효과가 없었음이 분명했다. 그는 방을 나가며 중요한 임무 수행을 위해 이탈리아 메시나로 가야 한다고 말했다.

그로부터 4일 후에 우리는 팔레르모Palermo에, 2주 후에 앙코나Ancona에 가 있었다. 악마의 대사제가 힘을 잃어간다는 사실을 확인한 것 외에는 정말 알맹이 없는 여행이었다.

나는 전원 참석하라는 지시가 내린 '악마의 성주간'에 더 많은 비밀을 캐낼 수 있기를 기대했다.

악마의 성주간

　성주간인 화요일, 로지에 호출되어 목요일까지 가톨릭교회에서 축성한 15개의 호스티아영성체 예식 때 신자에게 주는 얇은 밀병를 훔쳐오라는 지령을 받았다. 썩 내키지 않았지만 그들에게 개인적인 감정이 통할 리 없었다. 로지가 지시한 임무는 반드시 완수해야만 했다.
　축성받지 않은 호스티아를 구해 적당히 얼버무릴까 하는 생각도 해보았지만 감시의 눈이 두려웠다. 발각되면 종국에 베엘제불Beelzebub, 사탄 다음의 악마로 일곱 머리 용의 실체의 산 제물로 인형 속에서 삶을 마감할 수도 있었다.

나는 수요일과 목요일 아침에 성당을 순회하며 호스티아를 구하기로 했다. 그들은 내게 식초로 미리 입을 헹구라는 주의를 주었다. 식초가 점막을 말려 호스티아가 입에 달라붙지 않게 해 주었기 때문이다.

신자들 대열에 끼어, 나는 무릎을 꿇고 혀로 호스티아를 받았다. 그러고는 깊은 신심에 잠긴 척하다가 가져간 방안지 속에 끼워 나왔다. 나는 여러 성당을 돌며 이 가슴 졸이는 행위를 서둘러 끝마쳤다.

신을 모독하는 이런 비열한 행위를 아직도 자행하다니! 영원한 벌에 대한 공포, 저속한 행위와 모독에 치가 떨렸다. 내가 처음 경험하게 될 '성 금요일제'만이 유일한 활력소였다.

성 목요일 오후, 한밤중이 되기 전에 로지에 모이라는 통지를 받았다. 내가 높은 위계로 대우받고 있다는 좋은 징조였다.

10시 반에 의상실에 들어가니 '밤의 요정'이라는 이름으로 여러 벌의 드레스가 준비되어 있었다. 대부분 그리스풍으로 사이즈도 딱 맞았다.

나는 붉은색의 멋진 이브닝드레스를 한 벌 골랐다. 흰 망토가 달린 튜닉드레스로 위에 박혀 있는 비로드가 마치 핏방울처럼 보였다. 몸치장을 마치고 로지로 들어갔다.

여기에서 '성 금요일제' 의식과 함께 일반적인 로지의 모습을 소개하겠다.

성 금요일제는 세 개 층에서 거행된다. 먼저 계급 구별없이 모든 조직원이 맨 위층에 모인다. 맨 위층이라고는 하지만 실제로는 지표면이라 창은 물론 채광창도 없다.

입구홀의 양측에는 모자와 외투를 놓아두는 금박 입힌 의자와 작은 탁자가 두 줄로 나란히 놓여있다. 그 왼편에는 세면장, 오른편에는 '검은 방'이라 부르는 비밀의 방이 있다. 여기서부터 나선형 계단이 지하 두 층을 지나 좁은 지하감옥으로 이어진다.

입구홀에서 대기실을 지나 커다란 병풍문을 통과하면 로지의 본전이 나온다. 홀에는 해골 한 구가 서있고 모두 일곱 개의 기둥이 중앙에 한 개, 양측으로 각각 세 개씩 늘어서 있다. 기둥 뒤로는 의자들이 즐비하게 놓여있고, 중앙의 꽤 깊숙한 곳에 대리석 용상龍像이 일곱 단으로 된 바닥에 누워있다.

홀의 위쪽으로 세 곳의 발코니석이 있고 그 뒤로 작은 방들이 무수히 숨겨져 있다. 오른편에 창고, 의상실, 그리고 회의하는 동안 홀을 감시하는 격자창이 있고 왼편으로 가면 입단절차 중 가장 무서운 심사를 치르는, 내가 '잔혹한 살인'을 저질렀던 '붉은 방'이 나온다. 그 끝에 몇 차례 신을 모독하는 행위를 저질렀던 세 개의 '녹색 방'이 있다.

도서관으로 이어지는 긴 통로가 나타나면 거기서부터 최고위 메이슨만 모여 회의실로 들어간다. 새 조직원이 입단할 때 7명, 조직원이 승격할 때 40명이 이곳에 모인다.

그 다음 방 전체를 검은색 실크로 발라놓아 더 섬뜩하게 느껴지는 공포의 '검은 방'이 나온다.

마지막으로 온통 새하얗게 칠한 작은 '오로라의 방'이 나오는데 외부인을 신비한 연기로 홀려 로지에 가입하고 싶은 욕망을 품게 만드는 곳이다. 판독하기 어려운 문자가 적힌 흰색 타일이 바닥에 깔려 있고 회색 외투를 입은 등신대의 노인인형이 의자에 앉아있다. 지팡이를 짚고 수염을 바닥까지 길게 기른 그 인형은 장님인 척하며 '명상'이라 적힌 조그만 팻말도 매달고 있다. 회원, 득도자, 달인이라 부르는 사람들이 이들 비밀의 방이 있는, 즉 제1로지를 오가지만 그들은 정작 아무것도 모른다.

지하에는 오싹한 감옥과 고문실이 있다. 로지의 침입자나 수상쩍은 사람을 그곳에 잡아 가두었다가 베엘제불에게 제물로 바친다. 큰 강당 겸 식당도 있다.

'그노시스지식의 공간'라 부르는 원형극장은 유대의 밀교 '카발라kabbalah, 중세 유대교의 신비주의'만 다루는 연구소다. 타인을 지배하기 위해 악마를 숭배하는 '신비주의'라는 흑마술도 여기에서 펼쳐진다. 이 세 홀은 뱀이 따리를 튼 것처럼 나선형계단이 휘감고 골든하우스, 영국커피숍으로 이어진다.

이들 방에 둘러싸여 고위층을 위한 그랜드로지, 혹은 원형신전이 있다. 회의실에는 보통 80여 명 정도의 회원이 모인다.
마법에 사용할 약과 독약, 마약을 조제하는 표본실은 그랜드오리엔트조차 출입열쇠가 없을 정도로 규제가 엄격하다. 입단자가 칠 일간 빵과 물만으로 생활하는 '명상실'은 설 수도 누울 수도 없을 만큼 비좁아 그곳에서는 앉거나 무릎을 꿇고 있어야 한다.
마지막으로, 회의에 참석하기 전에 필요한 지도를 받는 '훈련소'가 있다. 도서관 바로 위에 있는 메인홀이 이 층 끝에 있다.
이처럼 로지의 구조는 매우 복잡하다. 그것은 조직원들에게 깊은 인상을 심어주려고 치밀하게 설계했기 때문이다. 하지만 나는 아무런 감동도 받지 못했다.
나는 대열에 섞여 위층으로 올라갔다. 비전자비밀을 전수받은 특별한 사람와 달인이 이미 '녹색 방'에 대기하고 있었다. 드디어 축제가 시작되었다.

　심장은 창에 찔리고 다리는 못 박힌 어린양의 대리석상이 머리에 관을 얹은 채 흰 대리석 제단 위에 누워있었고 삼각형으로 장식된 초가 그 어린양의 머리 위에서 활활 타오르고 있었다. 분명 예수를 조롱하는 광경이었다.

　로지의 입장에서 보면 골고타의 처형은 승리였다. 그래서 로지 형제들은 예수를 못 박았던 이날 하루를 오락과 휴업으로 보내며 승리를 만끽하고 싶어했다. 여기에 그들이 그리스도교 주일을 금요일로 바꾸기를 열망하는 이유가 있는 것이다.

　제단 위에 축성된 호스티아를 담은 성체그릇도 놓여 있었다. 제단 오른편의 대리석함과 왼편의 청동함도 눈에 띄었다. 벽은 몇 줄기의 올리브가지로 장식했고, 두 줄기의 떡갈나무가 촛대와 제단 전체를 에워싸고 있었다.

　모든 참석자들이 제단 앞에 모이자 입단 희망자가 제단으로 이어지는 계단을 올라갔다. 그러고는 살아있는 어린양을 잡고 죽을 때까지 찔러댔다. 제단 위에 있는 그리스도를 찔렀던 바로 그 창이었다.

　그런 뒤, 머리와 심장을 떼어내 청동기에 던져넣고 사탄에게 바쳤다. 남은 사체는 물그릇에 담고 흰 대리석 제단 중앙의 물통 같이 움푹 파인 곳에 피를 모았다.

지원자는 그 피로 양손을 씻고 교회에서 훔쳐온 호스티아를 집어 볼이 미어지도록 입에 쑤셔넣었다. 남은 호스티아는 피투성이 손으로 잡아 뜯고 피를 문질러 발랐다. 이어 지원자가 미사를 흉내내는 말투로 헤브라이어를 읊기 시작했다.

"이제 당신은 죽었습니다. 그러나 나는 당신 안에서 태어났고, 당신을 통해 당신을 바칩니다."

성 바오로의 다음과 같은 말을 우롱한 기도였다.

"이제 내가 사는 것이 아니라, 그리스도께서 내 안에 사시는 것입니다. 갈라티아 2.20 나는 주 안에서, 주와 함께, 주를 통해 나를 전능하신 아버지께 바칩니다."

기도를 마친 지원자는 제단에서 내려와 가슴을 풀어헤치더니 머리를 물그릇에 담갔다. 그러고는 손과 팔을 씻고 홀을 빠져나갔다. 이어 로지 형제들이 벽에서 올리브가지를 내려 그가 걷는 길에 던지며, 양팔을 가슴 위로 교차한 채 뒤를 따랐다. 이는 '주님수난 성지주일예수가 파스카 신비를 완성하기 위해 예루살렘에 입성한 사건을 기념하는 주일'을 모독하는 의식이었다.

내 차례가 다가왔다. 이 같은 의식을 가필드가 어떻게 생각하는지 내 눈으로 확인하고 싶었다. 그러나 그는 어디에도 보이지 않았다. 필시 좀 더 그럴듯한 일로 기분전환을 하고 있었을 것이다. 아내와 일곱 명의 자녀에게 편지를 쓰고 있을까, 그의 아내가 이런 일을 알면 어떨까 상상해보았다.

그러나 안타깝게도 이런 모독행위가 내 양심을 가책하지는 않았다. 그저 불쾌한 정도였다. 이런 내 마음을 가필드에게 표정으로 보여주고 싶었다. 나는 마지못해 이 '종려나무 행진'을 따라갔다.

각 그룹은 출구에서 갈라졌다. 신참자와 낮은 위계 형제들은 도서관으로 가서 고기와 생선으로 성대하게 차려진 식탁에 달려들었다. 이 행위에는 성 금요일에 지켜야 하는 '금식'과 '절제', 즉 고기를 먹지 말고 한 끼만 먹어야 하는 계율을 짓밟으려는 의도가 깔려 있었다.

나머지 형제들은 맨 아래층 홀로 내려가 그곳에서 다시 갈라졌다. 낮은 위계는 그노시스관으로 향했고, 나를 포함한 높은 위계만 '직각直角홀'로 올라가 예수의 수난을 우롱하는 비열한 의례를 다시 시작했다.

이곳에서 예수를 중상모략하는 말들이 적잖이 오갔다. 반원 테이블 위에는 상아로 만든 십자가가, 그 전면에는 삼중관을 쓰고 흰 옷을 입은 등신대인형이 교황을 우롱하듯 서있었다. 삼각대에 책도 한 권 얹혀 있었다.

열한 자루의 초가 꽂힌 촛대 세 세트가 삼각형을 이루고 불을 밝히고 있었는데, 성스러운 델타, 즉 메이슨의 삼위일체를 의미했다. 삼각형은 용인 루치펠, 짐승인 베엘제불, 그리고 거짓 예언자 혹은 거짓 그리스도_{적그리스도}를, 서른세 자루의 초는 최고위에 달한 프리메이슨의 서른세 개 직위를 상징했다.

제2그랜드오리엔트인 T씨가 가필드의 대역을 맡았다. 그는 우리를 반원테이블에 둘러세우고 책을 들어 몇 구절을 낭독했다. 교황과 가톨릭교회를 비방하는 내용이었는데 나로서는 이해하기 힘들었다.

이어 T씨의 장황한 연설이 이어졌다. 교황제는 그리스도교의 복음을 모욕하고 모방한 것으로 가톨릭이 그 근원을 조금이나마 존중한다면 자신들의 가르침을 거스르는 교황권력은 모조리 박탈해야 한다고 주장했다. 또한 참된 자유인은 가톨릭교회와 국가의 명에에 결코 굴복하지 않는다고 역설했다.

그들은 지도자를 없애면 양이 흩어지리란 것을 너무도 잘 알고 있었다. 예수는 성 베드로를 최초의 교황으로 삼고, 그 위에 교회를 세우셨다는 사실을 기억하기 바란다.

헤브라이어, 혹은 이디쉬어Yiddish, 동유럽계 유대인의 언어로 된 오싹한 주문이 사방에서 흘러나왔다. 광란의 분위기가 서서히 홀을 뒤덮기 시작했다.

그랜드오리엔트가 난데없이 손도끼를 들고 괴상한 외침을 차츰 높혀가더니 교황인형의 목을 겨냥해 힘껏 휘둘렀다. 그 순간 산 제물은 소름끼치도록 절규했고 두 눈알이 튀어나왔다. 재차 일격을 가하자 목이 바닥으로 떨어졌다.

잔혹한 행위가 끝나자 장내는 일순간 고요해졌다. 잠시 후 모두가 숨이 끊어진 제물에 달려들어 피바다에 손을 담그며 기뻐했다. 나는 공포에 질려 뒷걸음질쳤다. 그들은 교황인형 속에 아무것도 없다고 말하지 않았던가. 내가 한낱 사술詐術에 속고 있는 걸까.

그때 로지의 한 형제가 피투성이가 된 자신의 손을 내 손에 문지르며 속삭였다.

"자매여, 용기를 가지시오. 우리와 함께 그대의 손을 피로 적시지 않는다면 겁쟁이로 낙인 찍혀 산 제물과 같은 벌을 받게 됩니다. 로지의 적은 우리의 적임을 항상 명심하시오!"

산 제물은 로지의 적이었기에 죽여 마땅하다는 뜻이었다. 살인행위를 정당화하는 이 궤변을 나는 도저히 듣고 있을 수 없었다. 하지만 공포로 온몸이 경직된 채 계속되는 흉칙한 의례를 무력하게 쫓아갔다.

산 제물의 목은 은쟁반에 얹혀 '붉은 방'으로 건너갔다. 그리고 기름종이로 만든 역삼각형의 불붙인 성스러운 델타 위에 놓였다. 그 옆에 드루이드 승그리스도교 전래 이전에 믿었던 드루이드교의 사제을 본떠 만든 두 개의 석고상과 자극적인 향을 피우는 꽃사발이 함께 놓였다.

천장으로부터는 일곱 개의 초를 꽂은 샹들리에가, 벽에는 이슬람교도가 사용하는 휘어진 칼, 야타간Yatagan이 매달려 있었는데 내가 그랬듯 지원자들이 교황인형의 가슴을 찌르는 데 사용한 칼이 분명했다.

방을 서둘러 나온 나는 가슴을 쓸어내리며 만찬장으로 향했다. 손을 씻고 식탁에 앉았지만 음식이 넘어가지 않았다. 겨우 와인 두세 방울을 삼키고 나니 전신에 한기가 들었다.

메이슨에 반기를 든 주범들을 죄다 죽여 국가의 자유를 쟁취하자는 요지의 식후 연설이 이어졌다. 교황을 없애고, 가톨릭교회를 와해시켜 가톨릭 교도를 모조리 근절하자는 목표가 그 중 가장 화젯거리였다.

아이러니하게도 메이슨은 그들 편에 가담한 프로테스탄트를 칭송했다. 프로테스탄트는 자신들의 종교를 멸망으로 몰아가면서까지 가톨릭을 무너뜨리는데 힘을 빌려주고 있었다. 그들은 낮은 위계에 머물러 5, 6년만 지나면 염증날 것들만 알고 있었을 뿐 메이슨의 숨은 목적까지 분별하지 못했다.

이어 축배를 들었다. 건배를 할 때마다 제2그랜드오리엔트가 십자가상의 예수 얼굴에 와인을 부었고 전원이 그를 따라했다. 또 제2그랜드오리엔트가 선 채로 왼손을 가슴에 얹고 남은 와인을 말끔히 비운 후, 십자가를 부숴 잔해를 테이블 위에 던지자 형제들이 그 파편을 주워 재차 산산조각냈다.

그러고나서 그들은 곧장 성스러운 호스티아로 달려들었다. 그것이 예수 그리스도의 참된 피와 살임을 환기시킨 후, 수없이 칼로 찔러 상아로 된 십자가에 못 박았다. 그러자 사방에서 침을 뱉고 종국에는 살인의례를 저지른 후에 손을 씻는 물그릇에 던져넣었다. 호스티아는 그 속에서 피에 젖어들었다.

이때 밖에서 문 두드리는 소리가 났다. 빵과 술이 준비되었다는 신호였다. 만찬회는 여느 때와 마찬가지로 대기 중이던 열두 명의 창부와 어울려 난교파티로 급속하게 변해갔다.

그 광경을 보며 공포와 분노를 삭이고 있는데 누군가 나를 밖으로 끌고 나왔다. 머리에 검은 늑대모피를 쓰고 있었지만 그 태도와 눈초리마저 감출 수는 없었다. 질투심을 느낀 비겁자 가필드가 나를 구출할 순간을 기다렸던 모양이었다.

요즘 가필드는 나로 인해 자유 평등의 섹스를 장려하는 로지의 율법을 자주 어기고 있었다. 그는 나를 대할 때만큼은 프리메이슨이 아닌 한 인간이었다. 마침내 그를 수중에 넣을 때가 온 것이다.

그는 이전보다 더 위압적인 태도로 나를 캄캄한 방에 집어넣고는 두 시간 후에 밖으로 나오라는 말을 남기고 떠나갔다. 저 난교의 장 말고 그가 갈 곳이 어디겠는가, 그는 아내와 일곱 자녀가 있지 않은가….

한동안 저속한 사내들이 입에 담기조차 민망한 추잡한 방법으로 남은 호스티아를 모독하며 흥겨워하는 소리가 밖에서 들려왔다.

드디어 모든 순서가 끝났는지 가필드가 되돌아왔다. 그는 사람을 위협하는 어둠의 천사처럼 보였다.

"난 그대를 위해 또다시 로지의 율법을 어기고 말았어. 그들이 내게 가혹한 복수를 하지 않길 바랄 뿐이오."

나는 그를 감싸안으며 감사와 애정의 말을 속삭였다. 그러나 한편으로 비꼬인 마음이 고개를 들었다.
 '그전에 당신은 도대체 어디에 있었단 말인가요!'
 나는 인형 속에 들어있던 산 제물을 살해하고 사체를 조각내는 광경을 보면서 겪었던 공포를 가필드에게 들려주었다. 가필드는 자부심에 차서 냉혈 인간 같은 말투로 자초지종을 들려주었다.

 그 끔찍한 성 금요일제의 희생자는 '카드슈의 기사'라는 높은 지위의 메이슨이었다. 체말드라는 이름의 그 독일인은 파리로 가서 '대심문자大審問者, 캥거루 법정·엉터리 재판에서의 사체 해부자'로 활동하라는 지령을 받았으나 곧 감시당하는 생활에 염증을 내고 반발했다.
 그리하여 그랜드마스터에게 "나는 일반규약에 묶여 지낼 수 없으니 이 일은 못하겠다."고 압력을 넣었다. 그들이 귀담아듣지 않자 체말드는 아예 임무를 포기해버렸다.
 메이슨에게 중죄에 해당하는 이 일은 곧 의제에 붙여졌고 네 명의 감시 아래 임무를 수행하라는 명령이 반역자에게 내려졌다. 이에도 체말드가 반항하자 그들은 지하감옥에 그를 가두고 성 금요일까지 연명할 수 있는 정도의 음식만 제공했다.
 성 목요일, 얼굴을 맞고 참담하게 매도당한 뒤 수면제에 취해

있던 그가 목에 타격을 받고 눈을 뜬 순간, 그의 목은 몸통에서 잘려나가 있었다.

 이때 처음, 나는 성 금요일이 다가오기 전에 로지가 매번 특수한 지령을 내린다는 사실을 알았다. 이 무시무시한 의례에 바칠 산 제물을 구하기 위해서였다. 이야기를 들으며 가필드에게 묻고 싶었다.
 "당신 차례가 오면 어떻게 하겠어요? 지금처럼 한가롭게 처신할 수 있나요?"
 이외에도 무수한 생각들이 머릿속을 어지럽혔다.
 '전부가 체말드 앞에 놓인 함정이 아니었을까, 좀 더 그럴싸한 지령을 받아보지도 못한 그 사내가 어째서 장수말벌의 계략에 걸려든 걸까, 임무를 거부할 거면서 왜 독일에서 프랑스까지 왔을까, 왜 그들은 본국 프랑스에서 대심문자를 찾지 않았을까, 그는 누굴 위해 활동했고 이 지령은 어디에서 내려졌을까? 체말드는 제1그랜드오리엔트였다. 가필드가 라이벌 의식을 불태운 나머지 그를 처치한 것은 아닐까?'
 내가 본능적으로 가필드에게서 떨어지자 그는 내 마음을 꿰뚫어본 듯 경멸에 찬 미소를 지었다.
 "최후에 평결을 내린 사람은 내가 아니라 제2그랜드오리엔트인 T야. 이것은 사법권의 일이지. 비스마르크조차 반역자가 되지 않고서는 평결에 참견할 수 없어. 내가 전에 다른 라이벌을 매장한 적은 있지만 그 독일인에겐 관심 없다고.

그런데 크로틸드, 당신은 그 녀석을 내가 죽음으로 몰아넣기라도 한 듯 행동하는데, 당신한테도 발로 차 죽이고 싶은 사내가 있을 텐데? 숙명의 여인이여, 그대는 복수에 굶주렸어. 스스로 자기 자신을 속이고 있을 뿐이지."

갑자기 그의 말투가 바뀌었다.

"일루미나티조차 지위를 잃을 수 있다는 사실을 당신 눈으로 목격한 셈이야. 당신은 무슨 수를 써서라도 비밀을 캐내고 싶겠지. 그 소원대로 될 거야.

크로틸드, 당신은 비밀을 전수받게 될 거요. 당신이기에 찾아낼 수 있지. 이는 낮은 위계나 높은 위계나 한결같이 바라는 바이겠지만 나에겐 큰 타격이 될 거야. 선택받은 자여, 당신은 환영받을 거요. 그러나 자신을 파멸로 몰고 가지 않기를. 나는 당신이 가혹한 운명에 처하지 않기를 바라면서 모든 일을 처리해 왔어."

돌연 최면에 걸린 듯 가필드가 무릎을 꿇었다. 지금 그가 최악의 상황에 처해있음이 핏기 가신 그의 얼굴에 역력히 드러나 있었다. 그는 동쪽을 향해 예배한 뒤, 예언하기 시작했다.

"크로틸드, 너는 나의 조언을 묵살하고 왕궁의 문턱까지 죽음을 부른다. 그 후 형제들의 고상한 퇴폐에도 불구하고, 너의 두 손은 피로 물들리라. 네 거짓말의 마법에 걸린 한 사람이 억울하게 죽고 세 번째 사람이 네 복수의 희생양이 될 것이다. 성령의 날개 아래서 힘을 얻은 너는 내게 맞서 일어선다. 위험을 불사하고 널 사랑한 남자를, 최고 성령의 질투조차 아랑곳하지 않고 너에게 맹세한 한 남자를 너는 은밀히 파멸시킬 것이다. 그는 네 야심 앞에 더 이상 장벽이 되지 못한다.

너는 높이, 높이 오를 것이다. 비할 데 없는 지배자, 성령의 신부여! 너는 원하는 만큼 성령을 휘두를 것이다. 성령이 너를 통해 말하리라. 명예와 권력을 향한 너의 갈망은 아직 채워지지 않았다. 그러나 반드시 더 큰 시련을 맞게 될 때가 오리라. 넘지 못할 수렁이 너의 갈 길을 막아설 것이다. 그러니 정복자여, 전율에 떨어라. 달아날 곳이 없어진 그때에!"

가필드의 목소리가 점점 이 세상 것이 아닌 울림을 띠어갔다. 한순간 서늘함이 나의 전신을 관통하고 지나가자 미지의 영이 이 예언을 했다는 확신이 들었다. 방금 그가 말한 모든 것이 고스란히 실현되리란 예감이 들었다.

바닥에서 얼굴을 든 가필드는 자신이 한 말을 전혀 기억하지 못했다. 나는 이 일을 그에게 비밀로 해두기로 작정했다.

'이 끔찍한 하룻밤도 나의 미래를 바꿀 수 없다. 이 또한 나 스스로 선택한 길이 아닌가. 장차 이 길은 나를 진정한 목적지로 인도하고, 그때 나는 누군가에게 높임을 받게 되리라.'

이탈리아 국왕 독살지령

  이후로는 시간이 천천히 흘러갔다. 그해 여름은 예상했던 만큼 임무에 쫓기지 않고 하루하루를 보냈다.
  앞서도 밝혔지만 대부분의 조직원은 메이슨의 사교계 활동 외에 서로의 대화나 습관에서 뭔가를 추측할 뿐 제대로 아는 것이 없었다. 암호나 전신벨도 로지 본부의 안전을 지키려는 잔재주에 불과했다. 그것에 긴급하고 중요한 사항은 처음부터 들어 있지 않았다. 그랜드로지의 진짜 비밀과 견주면 시답잖은 것들에 불과했다.
  1877년 10월 21일, 마침내 나는 '대홀'로 호출되었다. 입단 때

용기있는 행위를 보여준 대가로 그들은 비전자들만이 공유하는 특별 임무를 내게 맡겼다. 그러나 신참자인 나는 그랜드오리엔트의 비밀을 공유하기 전에 먼저 특별한 시험을 치러야만 했다.

그랜드오리엔트는 3일 동안 심사숙고할 시간을 주었다. 그 기간동안 나는 불쾌하기 짝이 없는 지하감옥에 갇혀 지내야 했다. 다른 사람과 말할 수도 외출할 수도 없었.

나는 이 시련의 긍정적인 면만을 생각하며 지하감옥을 편하게 느끼려고 애를 썼다. 적어도 로지의 거북한 의례를 목격하지 않아도 되지 않는가! 잠으로 시간을 때우자고 생각하고 어둠 속을 기어서 침상을 찾아냈다.

첫날밤은 그럭저럭 지나갔다. 잠자리에서 일어나 시곗바늘을 손으로 더듬어 시간을 확인해보았다. 아침 7시였다. 창을 통해 푸르스름한 빛이 지하감옥을 비출 무렵 벽에 달린 스위치와 자명종이 달려있는 시계가 눈에 들어왔다.

오전 11시에 그들이 종이 한 장을 내밀었다.

'식사는 어떤 메뉴를 원하십니까?'

'물일루미나티에서는 술을 물이라고 부른다'이라고 썼다. 그러자 그들은 와인을 주었다. 도리없이 와인을 마셨다. 그런데 저녁식사 때 또 와인을 마셔야 했다. 자신들의 방식대로만 일을 처리하는 그들이 우스꽝스러워 실소가 터져나왔다.

언제 끝날지 모르는 수행인지라 나는 신중하게 시계 태엽을 감았다. 3일간 시계는 요긴하게 쓰였다.

3일이 지나고, 벨 소리에 잠을 깼다. 뜻밖에 가필드가 작은 양초를 들고 서있었다. 그는 대회의에 출두하라고 내게 명령했다. 비전자들은 나를 엄숙하게 맞이했다. 그들 중 한 사람이 가필드에게 푸른색 허리띠를 내밀자 가필드가 그것을 내게 매어주며 고했다.

"오, 밤의 요정이여! 키프로스Cyprus, 지중해 동부에 있는 공화국 결사의 여기사 칭호를 받으라. 그대에게 내려진 지령을 충실히 수행하여, 이 명예에 상응하는 자가 되어라!"

명예로운 칭호라곤 하나 그들의 지령을 따르는 노예가 됐다는 의미에 불과했다. 고개를 끄덕이자 각각의 비전자가 내게 예의를 표하고 방을 나갔다. 결국 나와 가필드만 남게 되었다. 그는 슬픈 표정을 지을 뿐 아무 말도 하지 않았다. 이런 상황에 보이는 그의 태도였다.

그는 나를 부축해 계단을 내려가 '그노시스의 방'으로 데려갔다. 내게 책상 앞에 앉으라고 말한 뒤, 가필드는 내 팔에 침을 찔러 피를 뽑고는 펜을 쥐어주며 "이제부터 내가 말하는 것을

움베르토 황태자

당신의 피로 써요."라고 지시했다. 나는 시키는 대로 했다.

'그랜드오리엔트의 비밀을 오용하는 죄를 범했을 때, 스스로 혈관을 끊기로 맹세합니다.'

"서명하지."

지체없이 그의 지시에 따랐다. 평소 친밀한 사이였지만 이런 상황에 굳이 질문을 던지거나 미소로 엄숙한 공기를 희석시킬 생각 따윈 없었다. 지금 다루는 문제가 얼마나 심각한지 험상궂은 가필드의 표정이 대변하고 있었다. 경직된 그에게 경계심마저 품었다. 가필드 입장에선 달갑지 않는 일인 듯했다.

가필드는 의자에 앉아, 자신의 말에 주의하라고 경고한 뒤 봉인된 편지를 무표정하게 내밀었다.

"이탈리아 왕위 계승자인 움베르토 황태자 앞으로 보내는 정확한 지시가 이 편지에 담겨 있소. 국왕 빅토리오 엠마누엘레 2세의 제거를 바라는 우리 측 지령이오. 국왕은 지금 가장 중요한 우리의 계획을 훼방놓으려 하고 있소. 오랫동안 교황독재에 맞서 우리에게 봉사해왔던 엠마누엘레 2세가 이제와서 양심의 가책을 느끼고 속죄마저 원한다는군. 더없이 중요한 당신의 사명을 밝히지. 주의해서 들으라고. 이 위험천만한 역할을 완수하기 위해서 만전을 기해야 하오."

그는 거침없이 말을 이어갔다.

"당신은 지금과는 전혀 다른 사람이 될 거요. 이탈리아인 참모장교의 미망인인 세라티 부인으로 행세하는 거지. 당신은 일전에 한 자매와 휴일을 보냈던 로마로 가게 될 거야. 이탈리아 당국이 당신에게 수당지급을 거절해서 움베르토 황태자에게 탄원서를 가지고 가지. 현재 이탈리아 대신인 카이롤리 공Cairoli 1825-1889, 이탈리아 정치가이 당신을 도와줄 거요. 그는 빅토리오 엠마누엘레 2세의 특별한 총애를 받고 있지. 상황을 이해하겠소?"

당연히 나는 온 신경을 집중했다.

"이상적인 크리스첸 미망인으로 가장한 당신은 바티칸과 이탈리아 정부 사이에 마찰을 일으킬 수도 있는 소개장을 받기 위해 신임 추기경서기관에게 청을 넣는 셈이지. 당신은 카이롤리 공의 도움으로 황태자와 몇 차례 만날 기회를 가질 거야.

황태자와 대면하면 서둘러 '카빌'이라는 암호를 건넬 기회를 만들라고. 그는 '사바스Sabbath, 유대교의 안식일'라는 암호로 응답

할 거야. 그러면 그에게 편지를 전해주고 기다려. 그가 답장을 맡길 테니까. 금요일에 그것을 가지고 돌아오도록."

거기까지 단숨에 설명한 가필드는 꿰뚫어 보듯 나를 응시했다. 나의 의중을 살피는 듯 했다. 잠시 사이를 두고 가필드가 조용히 입을 뗐다.

"이렇게 해서 우리의 오랜 머슴은 마지막을 고하게 되겠군. 그의 활동은 이미 우리에게 쓸모없어. 친애하는 크로틸드, 그대는 아직 젊고 이탈리아어에 누구보다도 능통하오. 이번 임무에 당신만큼 적격인 인물은 없어. 자, 나의 아이여, 가라. 용의 영이 그대를 인도해주시길…."

그가 자리를 떴을 때 머릿속이 수런거렸다.

솔직히 그처럼 막중한 임무에 정신을 집중하자 기운이 솟았다. 이젠 저속한 차원의 임무에서 벗어나 위대한 임무를 수행한다는 사실이 내겐 더 없이 중요했다.

그 일이 정치적이든, 종교적이든 상관없었다. 나는 오로지 민중을 넘어서 특권층조차 능가하는 여자가 되고 싶을 따름이었다. 메신저로서, 그리고 감히 누구와도 견줄 수 없는 최고 로지영의 반려로서 말이다.

'내가 최고 권력을 잡게 되면 내 영향력을 넓혀줄 사람들과는 그것을 나누자. 그들을 내 개인적 복수에 끌어들여 부와 기쁨에 대한 갈망을 채워주고 허영을 함께 누리자. 이제 나는 어떤 독단적인 살인에도 개의치 않겠다. 메이슨의 살인광들은 흡사 무지한 꼭두각시 같지 않은가. 나는 그들보다 까마득히 높은 귀족 출신이다. 또한 순결한 이탈리아인, 카르보나리당의 여전사다. 메이슨을 선택했기 때문에 가족도 잃고 신에게도 버림받았지만 결단코 루치펠의 제물은 되지 않겠다.'

그러나 한편으로 엠마누엘레 2세를 겨냥한 이 광기어린 살인 행위에 두려움이 엄습했다. 서로 전쟁을 벌이는 속국의 집합체에 불과했던 이탈리아를 최초로 통일한 엠마누엘레 2세는 일찍이 민중의 사랑과 기대를 한몸에 받아왔다.

그러나 이제 이 나이든 왕은 불행히도 황태자에게 살해당할 운명에 처하고 만 것이다. 친아들이 아버지의 처형자가 되는 것이다. 로지는 이미 죽음에 문턱에 다다른 엠마누엘레 2세가 자연사할 때까지 기다려줄 마음이 없었다. 이후로 가필드는 이 임무를 두 번 다시 입에 올리지 않았다.

나는 모데나를 경유하는 기차를 타고 오후 11시에 토리노에 도착했다. 역 인근 호텔에서 잠깐 눈을 붙이고 새벽 3시 반 야간열차를 타고 볼로냐로 향했다. 미망인으로 가장하느라 상복을 차려입은 나는 여행 내내 사람 눈을 피하느라 애썼고 누가 뒤를 밟지 않나 수없이 확인했다.

로마에 들어서자마자, 나는 성베드로광장에서 금제金製 교회 용품을 취급하는 상인과 접촉했다. 교황의 근황을 살피던 그 형제는 역시 로지의 형제인 추기경국무대신을 소개해주었다. 조용히 내 얘기에 귀를 기울이던 추기경은 무겁게 고개를 끄덕이더니 이탈리아 정부의 카이롤리 공에게 보내는 소개장을 써주었다.

로스피글리오시Rospigliosi 궁전에서 카이롤리 공을 처음 대면했을 때 그는 먼저 내 남편의 불행한 죽음을 깊이 애도했다. 그가 사용하는 이탈리아인 특유의 품격있는 겸양어에는 상대를 압도하는 힘이 있었다.

왕실의 모든 이들도 나의 불행을 동정하며 움베르토 황태자와 만날 수 있도록 성심껏 도움을 주었다. 드디어 황제의 접견 날짜가 주말로 예정되었다.

이튿날 아침, 움베르토 황태자가 칼리그남Calignam 황태자 앞에서 마르게리타Margherita 왕녀에게 나를 소개하고 싶다는 전갈을 보내왔다. 나는 "황태자 전하의 과분한 뜻은 제게 있어선 명령과도 같습니다."라는 답장을 보냈다.

　오후 늦게까지 낮잠을 잔 후, 나는 카이롤리 공 부처를 따라 시내에서 쇼핑을 했다.

　다음날 오후 2시, 카이롤리 공 부처와 함께 궁전으로 갔다. 기다리고 있던 황태자가 나를 제노바의 오란다 왕녀, 마르게리타 왕녀, 팜파나티 후작부인과 남편 칼리그남 황태자, 벨지스호 황태자, 에머리 부인에게 소개했다. 나는 조금도 주눅들지 않고 그들과 인사를 나누었다.

　이후로 두 시간 남짓, 연이어 건네는 여인들의 동정 어린 말투에 넌더리가 났으나 겸손한 귀족으로 가장한 얼굴에 깊은 슬픔을 띠고 앉아 황태자에게 비밀암호를 건넬 순간을 엿보며 참고 있었다.

　갑자기 황태자가 제노바 왕녀의 손수건을 집는 척하며 몸을 굽혔다. 나는 재빨리 그의 귓가에 얼굴을 대고 "카빌!"이라고 속삭였다. 이 말에 놀랐는지, 아니면 평정을 가장했는지 그 순간 황태자의 표정은 볼 수 없었다. 그는 즉시 "사바스!" 하고 귓속말로 대답했다.

　순간, 신경이 팽팽해졌다. 드레스 속에 감추고 있는 편지를 많은 눈들이 지켜보는 이곳에서 전해야 할지 솔직히 난감했다.

다름 아닌 부왕을 독살하라는 지령서가 아니던가!

그런데 황태자는 비밀편지가 오갈 일을 미리 알았는지, 빈객의 눈을 속여 편지를 주고받는 동작을 취했다. 그는 손을 내밀며 자연스럽게 말했다.

"오, 이것이 돌아가신 남편의 유지를 전하는 편지란 말인가요? 제 앞으로 보낸 것이군요. 감사합니다, 부인."

나는 곤혹스러운 표정을 숨기려고 슬픔에 겨운 척 고개를 숙였다. 너무 떨린 나머지 내 자신에게 물었다.

'황태자는 이 편지를 어떻게 할 셈일까. 설마 만인 앞에서 개봉할 생각은 아니겠지? 그럼 이런 잔혹한 임무를 받아들일 작정이란 말인가! 이 살인지령을 읽고서 발뺌을 하면 어떻게 하지. 이들 앞에서 격노하여 나를 처벌하는 것은 아닐까. 이 사람은 내가 강제로 온 사실을 모를 테지….'

천천히 편지를 개봉한 움베르토는 봉서 바닥에 붙어있던 독이 든 작은 병을 집어 주머니 속에 넣었다. 독을 동봉한 것은 그것을 마시든가 결사의 지령을 따르든가 하나를 선택하라는 무언의 지시였다.

편지를 읽고 있는 그의 얼굴은 무표정했으나 편지를 든 손이 미세하게 떨렸다. 황태자는 편지를 소품상자에 넣은 뒤, 편지내용을 감추며 말했다.

"부인, 이 용건은 매우 중대합니다. 국왕폐하께 여쭙도록 하지요. 폐하의 건강상태가 매우 악화되셨지만 정신은 온전하십니다. 폐하의 판단에 따라 부인에게 조언을 해드리지요."

아버지의 독살을 지시하는 어처구니없는 편지에 그가 답장할 것이라는 확신이 들었다. 이 계획을 황태자가 받아들인다면 로지는 손쉽게 목적을 달성하는 것이었다.

나는 메이슨의 횡포를 통감했다. 그들은 신과 인간의 여하한 법률보다 자신들이 우위에 있다고 믿었다. 상상해보라, 아무런 이유도 설명도 없이 부친을 살해하라고 아들에게 지시하고 더구나 살해 대상은 한 나라의 국왕이다. 인사를 하고 물러나오자 카이롤리 공이 입구까지 배웅해주었다.

호텔로 돌아온 지 얼마되지 않아 심부름꾼이 로지에서 보낸 두 통의 밀서를 가지고 나타났다. 한 통은 내게, 다른 한 통은 움베르토 황태자에게 보내는 것이었다.

'그대는 앞으로 열흘간 로마에 머물러라. 일주일 내로 빅토리오 엠마누엘레 2세를 알현할 수 있을 것이다. 그대는 황태자가 유리잔에 독을 타는 것을 지켜보라. 왕이 일부를 마시면 남은 것을 입수하라. 그리고 '꽃'이라 부르는 제비꽃시럽을 담은 작은 병을 가지고 가 독이 든 유리잔에 부어라. 핏빛으로 화학변화가 일어나는지 확인하고 그것을 다른 작은 병에 옮겨 가지고 오라. 두려워 마라. 그곳에는 단지 그대와 움베르토 황태자뿐일 테니까. 자세한 것은 황태자가 일러줄 것이다. 그는 우리의 충실한 친구이다.

 추신 : 2천 프랑을 동봉한다. 부족할 경우 접대자인 움베르토 황태자에게 의논하면 해결될 것이다. 그대의 목숨이 걸려 있다. 처음부터 끝까지 지시를 따라야 한다는 사실을 부디 잊지 말기를!'

 지극히 중대한 지령이었다. 나는 독살현장에 합석해 로지가 나를 악마의 제물로 바치지 못하도록 증거물을 가지고 돌아가야 했다. 무엇보다 사건이 일어나기 전후에 관계없이 내가 국왕 암살의 공범이 되는 일이었다.

 지령이 정확히 전달되는 상황으로 봐서 로지가 내 행동을 감시하는 것이 분명했다. 사실 진작부터 나를 감시하는 '모든 것을 꿰뚫어보는 눈'루치펠의 눈'이라 불리는 메이슨의 중심심벌'의 존재는 눈치채고 있었다.

 지금 이 순간 움베르토 황태자는 메이슨의 손에 이탈리아를 통째로 넘기려는 이 사악한 덫에서 벗어나기 위해 지혜를 짜내고 있을지도 몰랐다. 그렇다고 한들 무슨 상관이란 말인가, 나는 나의 임무만 무사히 달성하면 될 뿐이었다.

새로운 전달사항 없이 엿새가 흘러갔다. 칠 일째 되는 날 카이롤리 공이 움베르토 황태자의 편지를 가지고 방문했다.

'카이롤리의 초대를 받아들여, 내일 저녁 열리는 음악회에 참석하십시오. 그곳에서 만나기로 하지요. 그는 충실한 조정의 신하이며 로지의 형제입니다.'

카이롤리 공은 공식절차에 따라 나를 초대했다. 나는 그런 예법에 익숙지 않아 당혹스러워하며 초대를 받아들였다. 모임은 자정이 가까운 11시 반이었다.

11시 15분경, 나는 카이롤리 공의 궁전에 도착했다. 집사가 안내한 객실로 들어서자 카이롤리 공이 와서 귀띔해주었다.

"황태자 전하는 정각 11시 반에 도착할 예정입니다. 두 분만 함께 하실 수 있도록 하겠습니다. 제가 옆에 없으면 누구도 당신에게 신경쓰지 않을 겁니다."

황태자에게 전달할 밀서까지 지참하고 있으려니 신경이 곤두섰다. 거기에는 아들에게 빛나는 국가지배를 약속하며 부왕을 암살하라고 부추긴 후, 그 부친을 기리는 기념비를 세우라는 지시가 적혀있음이 분명했다. 음악잡지를 들여다보며 신경을 누그러뜨리려 애썼다.

시계가 11시 반을 가리키기 무섭게 움베르토가 조용히 들어왔다. 나는 밀서를 내밀었다. 그는 내용에 눈을 빼앗긴 채 내게 앉으라고 권했다. 골똘히 생각에 잠겨 미간을 잔뜩 찌푸리고 있던 황태자는 진정한 듯 입을 열었다.

"부인, 나흘 안에 국왕을 접견하도록 해드리겠소. 그러면 나의 충직한 행동이 파리에 알려질 겁니다."

그때 카이롤리 공이 나를 불러 많은 빈객들에게 소개했다. 연주회가 시작되었다. 새벽 2시 무렵, 나는 피곤한 척하고 회장을 빠져나왔다.

정확히 나흘 뒤, 나는 국왕의 초대를 받았다. 움베르토는 나를 빅토리오 엠마누엘레 2세 앞으로 데려가 내가 죽은 남편의 연금문제로 곤란을 겪고 있다고 말했다.

연로한 왕은 침대에 누운 채, 모든 국민에게 사랑받는 그 소박한 미소로 나를 맞아주었다. 국왕은 남편을 먼저 떠나보낸 내게 동정과 위로의 말을 건네며 이제 자신은 나이가 들어 이런 문제를 해결하기 어렵다고 사과했다. 국왕은 말을 마치자 이내 기진맥진해 쓰러졌다.

국왕이 마실 음료에 눈길을 주고 있던 황태자는 작은 종이꾸러미의 내용물을 유리잔에 털어넣었다. 내가 일전에 전해준 종이꾸러미였다. 나는 그것이 비소라고 생각했다. 비소는 백 년이 지나도 그 흔적이 머리카락에 남아있어 사인을 증명할 수 있는 독극물이었다.

부왕에게 음료를 절반만 마시게 한 황태자는 잔을 제자리에 갖다놓고 확인하려는 듯 기다렸다.

이윽고 왕은 깊은 잠에 빠져들었다. 그러자 황태자가 약이 남아있던 잔을 냉정하게 가리켰다. 내가 잔 속에 시럽을 붓자 액체가 금방 새빨갛게 변했다. 몸서리가 쳐졌다.

음료의 색깔이 변하는 것을 본 움베르토 황태자의 눈이 순간 빛났다. 그는 내가 파리에 전할 편지를 서둘러 쓰기 시작했다. 거기에는 이탈리아의 정치적인 비밀사항도 적혀 있었다.

편지 쓰기를 끝낸 황태자가 정중하게 물었다.

"언제 떠나십니까?"

섬뜩함을 느끼며 내가 대답했다.

"8일 내로 출발할 예정입니다."

그러나 엠마누엘레 2세는 그 후로 며칠 더 목숨을 연명했다. 나는 황태자가 독 이외의 물질을 넣고, 진짜 독은 붉은색 반응을 일으키기 위해 나중에 탄 것이 아닐까 의심이 들었다.

　이탈리아에서 파리로 돌아와서야 나는 국왕의 암살 이유를 자세히 들을 수 있었다.
　원래 로마 가톨릭교회에 충실했던 국왕은 메이슨에 입단함으로써 자동적으로 교회에서 파문당했다. 이 이탈리아 국왕은 결국 교황으로부터 이탈리아 교회령을 몰수하고 교황을 바티칸 영내에 유폐시켜 '교황령의 강탈자'로 낙인찍히기에 이르렀다.
　그러나 국왕은 언제부턴가 죄를 뉘우치고 로마 가톨릭교회로 돌아가기를 원했다. 죽기 전에 로마 가톨릭교회에서 최후의 고해성사와 영성체, 병자성사를 받고 지옥의 형벌에서 벗어날 수 있기를 간절히 소망했다.
　무엇보다 일찍이 교황의 주거지를 빼앗아 1870년 이래 이탈리아 왕의 공적 주거지로 만들어 살고 있던 퀴리날레Quirinale, 통일이탈리아 궁정를 떠나기 위해 로마를 등질 생각까지 하고 있었다.

　이 사실을 알게 된 로지는 베엘제불을 기쁘게 할 계획을 세웠다. 국왕이 교회와 화해하지 못하도록 방해하고 더구나 교황에게 빼앗은 그 궁전에서 국왕이 죽기를 바랐다. 내가 바로 국왕의 죽음을 앞당겨 교황으로부터 자비를 얻을 기회를 빼앗은 장본인이었다.

　로지의 수법에 익숙하지 않았던 나는 생명의 불씨가 꺼져가는 사람마저 태연히 죽이는 그들의 악랄한 처사에 전율했다. 그들은 임종 순간까지 주의를 기울여 한 인간이 속죄하여 구원받는 길을 방해하려 했던 것이다.

　국왕의 서거소식으로 온 이탈리아가 술렁거렸다. 시체를 방부처리하는 과정에서 내장에 남아있던 독이 검출되었다. 그런 연유로 측근에 의한 암살설이 신문에 실렸으나 경찰에 의해 전부 회수되어버렸다.

　빅토리오 엠마누엘레 2세가 서거한 이튿날 아침, 로지의 계획대로 움베르토 황태자가 왕위에 올랐다. 그는 한 나라를 다스리는 지배자가 되었지만 다른 메이슨과 마찬가지로 로지 앞에서 공포에 떠는 나날을 보내야만 했다. 그는 '진보적'이라 불리는 마피아조직, 'P2'를 포함한 메이슨 살인집단에 굴복하지 않을 수 없었다.

　8일 후, 나는 로마를 떠나 디욘에서 하룻밤을 묵고 1878년 사순절인 첫째 금요일, 파리에 도착했다.

바로 그날 로지의 고위 비전자들에게 움베르토 황태자의 편지와 나의 보고서, 국왕의 침대 곁에서 채취한 붉은 액체병을 제출했다. 빅토리오 엠마누엘레 2세가 사망함으로써 만사가 로지의 계획대로 풀리는 듯했다.

그러나 죽음이 며칠 연장된 탓에 국왕이 가톨릭 사제에게 병자성사종부성사를 받았다는 사실이 뒤늦게 밝혀졌다. 움베르토 황태자는 움베르토 1세로 즉위한 후, 1878년 11월 22일 거리를 지나가던 사람에게 저격당했다.

이 첫번째 암살시도는 실패로 끝났으나 1900년 7월 26일 결국 움베르토 1세는 암살되었다. 움베르토가 정량의 독을 쓰지 않아 부친이 가톨릭 사제에게 종부성사를 받은 일을 로지는 결코 가벼이 넘기지 않았다.

여기가 중요한 대목이다. 국왕이 이 악마적인 메이슨의 마수를 피했던 것처럼 나도 내 차례가 되면 똑같이 도망치겠다고 마음을 사려먹었다.

'힘에서는 열세일지라도 용의주도하게 피해가리라.'

나는 이탈리아에서 돌아와 두 달간의 휴가를 신청했다. 온갖 스트레스에서 해방되고 싶었다. 로지도 세라티 부인의 흔적이 완전히 사라질 때까지 내가 자취를 감추는 게 상책이라고 판단한 듯했다.

  자유행동이 가능한 이 휴가기간에 내가 복수의 칼날을 휘두르리라고 본부에서는 짐작도 못했을 것이다. 나는 큰 성공에 고무되어 터무니없이 들떠있었다. 유럽에서 발판을 잃어가던 가필드마저 멀리 있었다. 그는 미국에 권력기반을 강화하기 위해 파리를 찾는 일이 점차 뜸해졌고 돌아와서도 며칠 머물지 않고 미국으로 돌아갔다.

  나처럼 사악한 인간에게 고독은 악의와 유혹의 온상이 되었다. 나는 최악의 사념에 빠져들었다.

  먼저 다니엘에게 복수할 일을 떠올렸다. 오랜 세월 방관했던 이 딱한 남자를 영원히 매장시킬 아주 좋은 기회였다. 도박에 미친 이 남자를 망치기 위해 나는 모나코에 가자고 부추겼다. 다니엘은 제 발로 도박장의 제물이 되었다. 충동질한 보람이 있어 그는 결국 무일푼이 되어 파리로 돌아왔다.

  그는 다시 투기에 열을 올렸다. 나는 크게 한탕하면 멋진 미래가 우리를 기다린다는 말로 환상을 심어주었다. 하지만 배후에서 조종하는 패거리 외에는 모두 손해보도록 짜여진 것이 도박판이었다.

하루는 다니엘이 사냥감을 빈털터리로 만들기로 유명한 '팔레스 로얄'에서 가진 돈을 죄다 긁어모아 도박을 했다. 그 결과 자신의 재산을 웃도는 막대한 빚을 떠안았다. 그는 공포로 굳어진 얼굴로 내게 달려와 궁상을 떨었다. 부추긴 장본인이 나였으니 동정을 구하면 도와주리라 믿었던 모양이었다.

나는 무표정하게 그의 얘기를 다 들은 후, 일말의 동정심도 없이 냉담하게 말했다.

"이걸로 끝내도록 하죠."

여우에게 홀린 듯 멍청히 서있는 그를 보며 나는 깔깔대고 웃었다. 마침내 내가 미쳤다고 여긴 다니엘은 그 자리를 떠났다. 그리고 그날 저녁, 총으로 자신의 관자놀이를 겨누었다.

나는 양심의 가책을 느끼지 않았다. 다니엘의 자살이 오히려 기뻤다.

이 세 번째 살인으로 내 심장은 더욱 얼어붙었다. 나는 로지가 저지르는 정치적 범죄에 더욱 적극적으로 가담했다. 로지의 형제들이 반역자를 처단하라고 나를 세르비아나 이스탄불로 파견할 때마다 의기양양해서 돌아왔다. 나는 여러 종류의 사형선고를 수없이 거들었고 정치지도자들을 한 사람 한 사람 실추시켜 꼭두각시로 만드는데 열을 올렸다.

임무에 실패한 형제들에겐 죽음이 기다리고 있었다. 이는 메이슨의 극비규정으로 영이 처형하지 않을 때에는 그랜드오리엔트가 처형을 맡았다.

여러가지 처형방법 중에 가장 고전적인 방법이 독살이었다. 흔히 샴페인이나 약에 독을 타 넣었다. 이 방법이 실효를 거두지 못할 경우 차사고나 익사를 가장했다. 또 그들은 야간에 강도의 습격을 받은 것처럼 꾸미거나, 부랑자나 개인적 원한에 의한 사건으로 조작하는 방법도 사용했다.

나폴리 교외를 걷다 피살된 테롤리Terolli 수상도 로지의 형제들에게 처형당한 경우였다. 롤린Rollin이라 부르는 두 형제는 이보다 더 가혹한 처벌을 받았다. 미지의 약물을 마신 그들은 발광했고 샤렌튼 정신병동에 수용되었다.

나도 이런 종류의 처단에 여러 번 가담했다. 기억을 되살릴 때마다 수치심으로 얼굴이 붉어진다. 여기에 내가 저지른 과오를 하나만 밝히겠다. 얼마나 혹독했는지 그 나머지는 밝히기조차 두렵다.

로지는 내게 신용할 수 없었던 블리에Boulier라는 남자를 감시하라고 명령했다. 그 무렵 가필드는 국외에 있었다.

어느 저녁 파리의 골든하우스에서 블루리에를 소개받고 한동안 그와 블로뉴 숲에서 승마를 즐기며 시간을 보냈다. 블루리에가 내게 사랑을 고백했다는 얘기를 전해들은 로지는 이번에는 내게 그의 정부가 되라고 지시했다. 나는 로지의 그랜드알케미스트마법사인 약제사가 처방한 약을 그에게 몰래 먹였고 그의 목숨은 실낱같이 이어지고 있었다.

얼마 후, 로지 소유의 저택에서 왕성한 정력을 되찾기 위해 갖은 방법을 찾아 헤매던 블루리에한테 나는 정력제인 자석구슬 두 알을 주었다. 그런데 예상 외의 일이 벌어졌다. 그가 구슬을 쥔 순간 의식을 잃고 쓰러진 것이다. 혼란에 빠진 나는 서둘러 구슬을 챙겨 저택을 빠져나왔다. 그러나 이것은 한층 잔인한 식인의례로 전개되었다.

다음날 아침, 그의 사체는 로지 원형경기장의 해부탁자에 놓여 있었다. 평소대로 난교파티가 끝나자 그들은 방부처리된 그 사체에 달려들었다.

일곱 머리 용과의 대화

1879년 6월, 가필드가 내게 '높은 계발을 받은 자'에 취임하라고 통고했다. 죽은 갸바뇽Gavagnon이란 남자가 최근까지 맡고 있던 지위였다. 나는 로지에 많은 기여를 해온 터라 당연한 일로 여겼다. 그러나 이 지위가 죽은 영과 교통하는 초자연적 성질의 자리라는 사실은 미처 알지 못했다. 다른 분야에는 꽤 정통했으나 오컬트Occultism, 신비주의, 비술, 심령술에 대해서는 아는 바가 거의 없었다.

어느 날, 나는 그랜드오리엔트의 지령을 받고 비전자의 원형

신전을 찾아갔다. 낮은 계급의 신전에 비해 한결 볼만 했다. 그들은 내게 반원테이블에 앉을 수 있는 '7인의 원탁회의' 일원이 되라는 제안을 했다.

과분한 대우라는 생각이 드는 한편으로 전보다 더 엄격한 과정을 겪어야 하는 것은 아닐까 걱정이 되었다. 가필드가 조만간 거행될 정식의례를 지도하는 역할을 맡았다.

바야흐로 로지 최고의 비밀인 진짜 권위자가 내게 모습을 드러낼 순간이 다가오고 있었다.

"비밀은 '성령'이라는 말에 있소."

가필드가 말했다.

"가톨릭에서 말하는 '홀리 스피리트Holy Spirit'를 악마를 의미하는 '홀리 고스트Holy Ghost'로 둔갑시킬 계략이 있어. 실제로는 일곱 머리 용이 메이슨의 '성령'이지."

나는 태어날 때부터 신앙심이라고는 손톱만큼도 없는 반종교적 인간이었다. 그렇기에 악령이니, 악마니 하는 존재를 전혀 믿지 않았다. 신이나 성령의 존재도 마찬가지였다.

어떤 초월적 현상도 마술이나 환상, 집단최면의 소산, 엉터리 얘기로밖에 들리지 않았다. 게다가 의심하는 내 마음조차 우스꽝스러웠다. 여자의 나약함이거나, 지나친 상상, 악몽의 산물이라고 여겨졌기 때문이다. 내가 악마의 존재에 회의적임을 가필드도 눈치챈 듯했다.

 한층 거만하고 위엄있게 자리에서 일어선 가필드는 잘 새겨들으라는 말과 함께 연단에 오르라고 지시했다. 그러고는 모자와 장갑을 벗고 제의祭衣로 갈아입었다. 옛날 로마인이 입던 붉은색 튜닉과 흰색 토가를 본따 왼쪽 어깨에 옷을 걸치고 오른 어깨를 드러내는 의상이었다. 그의 가슴에는 황금색 태양 휘장이, 이마에는 반쪽관이 빛나고 있었다.
 옷매무새를 정돈한 가필드는 개처럼 엎드려 바닥에 이마를 대고, 한탄하듯 성령의 말을 외치기 시작했다. 얼마나 꼴사나운 모습인가! 미국의 상원의원이라는 자가 비굴하게 땅에 절하며 섬뜩한 지옥의 짐승을 부르다니!
 가필드는 이 행위를 일곱 차례 반복했다. 핏기 가신 그의 입술이 지리멸렬한 '다른 말'을 중얼거리는 동안, 그의 시선은 먼 공간을 살피듯 굳어있었다.

 조명이 완전히 꺼지지 않아 불빛이 희미하게 남아있던 홀 안에 갑자기 천둥소리가 울려퍼지는 순간, 나는 대리석상이 서서히 움직이는 느낌에 사로잡혔다. 잠시 후 수많은 용의 눈에서 괴이한 빛이 쏟아지더니 목의 갈기가 일제히 아래로 늘어졌다. 날개는 바닥에 닿았고 꼬리는 뱀처럼 굽이쳤다.

용이 다가가자 가필드는 움직임을 제지하려는 듯 용에게 날카로운 시선을 던졌다. 무시무시한 용은 주문에 홀린 듯 이내 연단으로 얼굴을 돌리고 멈춰섰다.

가필드는 독일어로 용에게 물었다.

"밤의 요정이라 불리는 이 형제가 비전자의 영예에 합당합니까?"

용은 뱀처럼 쉭! 소리를 내면서 대답했다.

"그렇다."

질문이 이어졌다.

"그녀는 로지에게 이익이 됩니까?"

"된다!"라고 용은 답하고, 날카로운 웃음소리를 냈다. 참으로 소름끼치는 소리였다.

가필드는 한쪽 무릎을 꿇고 기도를 올렸다.

"우리는 그대를 우리의 마음과 행동을 비추시는

지극히 높으신 분으로 우러러 받들겠나이다.

무엇보다 그대는 우리를 비추고 우리를 이끄소서.

그대는 우주의 전권을 쥐고 그것을 주관할지니

모든 것이 그대로부터 결정될 것입니다.
천지가 그대에게 속하고 그대의 영광으로 완수되어
그대의 위세를 떨칠 것입니다.
그대는 빛이요, 힘이시니,
기도에 답하여 마음과 영을 다스리는 그 힘을 드러내소서.
오, 십자가에 못 박힌 자의 적, 종의 힘 있는 수호자여!
우리는 그대의 이름에 의지하여 신과 성삼위일체와
그리스도와 그 어머니를 저주합니다.
그대의 것인, 그대와 함께 하는 우리의 말을 들어주소서.
그대의 계시에 의지하여, 보이거나 보이지 않는
만사를 초월하는 그 힘을 믿나이다.
우리는 그대가 알고자 하는 것을 구하여,
받을 권리를 지닌 자가 되겠나이다."

베엘제불에게 구하는, 헤브라이어인지 이디쉬어인지 모를 짧은 주문이 뒤를 이었는데 유대인의 언어임이 분명했다. 가필드는 이 주문에 지옥의 성령이 내린 말씀이 숨어있다고 알려주었다.

이윽고 용이 일곱 머리를 쳐들고 로지 내의 여기저기를 노려보기 시작했다. 동시에 으르렁대는 오싹한 소리가 홀 전체에 울려퍼졌다. 이어 용은 바닥에 암호를 두드려 질문에 답했는데, 질릴 정도로 시간이 길었다. A는 1, C는 3, I는 9번 이렇게 각 알파벳의 순서에 맞춰 그 횟수만큼 바닥을 쳤다.

나중에 가필드는 이런 메시지를 베껴썼다.

'오늘을 무의미하게 끝낼 것인가? 나는 꼭 그녀가 믿도록 만들겠다.'

이제 용은 이탈리아어로 말해 나도 알아들을 수 있었다.

"복수, 증오, 여자여, 내게 오라!"

용이 말을 마친 순간 모든 장면, 혹은 모든 움직임이 일시에 정지하는 듯하더니 용은 다시금 생명없는 흰 대리석상으로 돌아갔다. 나는 계단을 내려와서 이러한 광경을 보여준 용에게 예를 올렸다.

포로로 만들어버릴 듯 이글대던 짐승의 눈이 최면을 건 것은 아닐까? 눈앞에서 벌어진 일이 도저히 믿기지 않았다. 가필드는 이런 나의 의심을 눈치챘지만 그에 관해 한마디도 언급하지 않았다.

며칠 뒤, 가필드는 3개월간의 일정으로 뉴욕으로 갔다가 파리로 돌아왔다. 그는 돌아오자마자 짐승을 물질화시키는 다른 의례를 보여주었다. 용은 나를 완전히 파멸로 몰아넣으려는 듯 자신의 곁으로 오라고 손짓했다.

　그 자리에 가필드는 미나라는 발레리나와 함께 나타났는데 그때는 나의 냉담함을 무너뜨리기 위해 여자를 끌어들인 가필드의 술수를 깨닫지 못했다. 사실 가필드에게 복수할 기회만 노리고 있었음에도 그녀를 보는 순간 다른 이의 뒷전으로 밀리고 싶지 않다는 이기심이 고개를 들었다.

　나는 질투심에 불타올랐다. 그들이 함께 있는 장면, 즉 말을 몰아 블로뉴 숲을 달리거나, 연극을 관람하는 모습을 상상하며 새로운 라이벌에게 증오심을 키워갔다. 파리시내에도 오페라극장의 발레리나였던 미나의 소문이 자자했다.

　나는 내 자리를 빼앗으려고 작정한 그녀를 그냥 보고 있을 수만은 없었다. 무수한 생각이 머릿속을 스쳤다.

　'저 여자를 파멸시키고야 말겠다. 그러나 어떻게? 로지의 도움은 기대할 수 없다.'

　어느 금요일 로지형제들과 따분한 대화를 나눈 뒤였다. 불현듯 용인지 아니면 다른 누군가의 목소리가 들려왔다.

　"복수, 증오, 여자여, 내게 오라!"

　일순간 용을 찾아 주위를 둘러봤지만 아무도 없었다. 그때 한 가지 묘안이 떠올랐다.

'용에게 직접 물어보면 되지 않는가!'

확실한 것을 알고 싶었다. 그 여자에게 기필코 앙갚음을 해야 직성이 풀릴 것 같았다. 최근 벌어진 일들이 내 마음에 증오의 불을 지폈다.

'내일 로지에 혼자 들어가 목숨을 걸고서라도 용에게 질문을 던지자. 용이 응답하면 서로 손잡고 적을 해치우자. 만약 답하지 않는다면 용의 존재는 나와 함께 종말을 고하는 거다.'

가필드와 비전자만 가지고 있던 열쇠를 훔치기 위해 가필드에게 편지를 띄웠다.

'오늘 밤, 멋진 여자친구와 선약이 없다면 잠시 당신의 옛 연인과 함께해주세요. 저녁식사 어때요?'

예상했던 대로 가필드가 왔다. 10월의 그리 쌀쌀하지 않은 날씨였지만 나는 난로에 불을 지펴 식당 안을 훈훈하게 데워놓았다. 방안의 열기로 기분이 언짢아진 가필드는 더욱 독한 술을 찾았다. 이때다 싶어 나는 그의 잔에 수면제를 탔다.

가필드가 자신을 통제하기 힘든 지경에 이르자 나는 그를 침대에 눕히고 셔츠 안주머니에 들어있던 열쇠를 훔쳤다. 그가 곯아떨어져 자는 동안 나는 신전으로 발길을 서둘렀다.

도중에 경비원을 만났지만 신전에 귀걸이를 떨어뜨려 가필드에게 열쇠를 빌려 찾으러 간다고 둘러댔다. 자신과 상관없는, 위계가 높은 정규로지사각로지의 일이라고 여긴 그는 나를 통과시켰다. '아이비어리홀'에서 졸고 있던 여급사도 나를 보고 소스라쳤으나 제지하지는 않았다. 내가 고위 메이슨임을 알고 있었기 때문이다.

나는 마침내 혼자 로지에 들어가 가스등에 불을 켜는데 성공했다. 꼼꼼히 안을 둘러보았다. 그랜드오리엔트의 의자 위에 예수를 우롱할 목적으로 세워놓은 십자가가 보였다.

못박힌 예수를 보는 순간 마음이 현저하게 흔들렸다. 그러나 재빨리 대리석상으로 눈길을 돌렸다. 나는 10여 분간이나 이 둘을 번갈아 보며 갈등했다. 그러다가 어느 한순간 '이처럼 굴욕적인 죽음을 맞은 십자가 위의 인간에게 질문을 던져야 옳은 게 아닌가, 도대체 용을 선택할 이유가 어디 있단 말인가.' 하는 생각이 떠올랐다.

그러나 예수는 지금의 나와 까마득히 멀게만 여겨졌다. '저지른 죄를 진심으로 뉘우치지 않으면 은총을 받기 힘들겠지….' 그러다가 경박한 방법으로 신을 시험하고 싶은 유혹에 빠져들었다. 다섯 번 성호를 그은 후 못 박힌 예수에게 물었다.

"살아있는 신의 아들 그리스도여, 만약 당신의 힘이 용을 능가한다면 내게 증거를 보여주세요. 그러면 당신에게 반역한 용을 걷어차 줄 테니."

먼저 겸손하게 무릎 꿇고 저질렀던 수많은 죄를 눈물로 속죄해야 했음에도 내 입에서는 기도가 아닌 명령이 튀어나왔다. 그리스도의 당연한 침묵이 이어졌고 어이없게도 내 가슴속에서 분노가 소용돌이쳤다.

그때 처음 내 의지로 신을 모독했다. 나는 "모습을 드러내든지, 나를 죽이든지 둘 중 하나를 선택하라!"며 그리스도를 향해 소리를 질러댔다.

맥이 빠진 나는 결국 불가사의한 힘에 이끌리듯 침묵하고 있는 용의 발밑에 주저앉았다. 그것이 생명도 감각도 없는 일개 대리석상에 불과하다는 사실을 확인하기 위해 그 자세로 용에게 속삭였다.

"당신에게 능력이 있다면 지금 당장 모습을 보여줘요. 정말 능력이 있다면 지금 움직여 봐요."

일순간 짐승의 앞발이 내 목을 강타하고 바짝 졸랐다. 불의의 일격에 머리칼이 쭈뼛쭈뼛 서고 금방이라도 심장이 멎어버릴 것 같았다. 오랫동안 거부해온 초자연적 세계와의 접촉이 막 일어나고 있었던 것이다.

의심할 여지가 없었다. 털로 뒤덮인 따뜻하고 힘찬 앞발의 신비한 생명력은 속임수나 기계조작으로 설명할 길이 없었다. 영안에서 공포와 기쁨이 교차했다.

한편으로 통증이 너무도 심해 나는 자비와 동정을 구하며 가필드에게 배운 온갖 주문을 반복해서 외웠다. 목을 옥죈 힘이 서서히 느슨해졌다.

나는 10분 동안이나 말은커녕 입도 떼지 못하다가 가까스로 일어나 연단으로 몸을 피했다. 그리고 기선을 제압하기 위해 불꽃이 뿜어져 나오는 수많은 용의 눈을 노려보았다.

용은 무시무시해 보였지만 묘한 매력을 발산하고 있었다. 일곱 개의 머리 가운데 몇몇은 사자를, 몇몇은 표범을 닮았는데 머리에 뿔이 하나만 있는가 하면 몇 개씩 달려 있기도 했다. 몸체는 검은 줄무늬 표범 그 자체였다. 짤막하고 강인한 다리에는 날카로운 발톱이 나있었다. 요한묵시록 제13장 참조

나는 용에게 말을 건넸다.

"지극히 고귀하신 성령이시여, 당신이 저를 선택하셨다는데 사실인가요?"

"그렇다."

"제게 무엇을 원하나요?"

"너는 나를 최고의 주인으로 인정해야 한다. 그 사실을 너의 피로 써서 증명하라. 너는 어떤 경우든 내게 복종해야 한다. 그리고 네가 출생한 로마 가톨릭을 버려라."

"그 대가로 제가 받는 게 뭐죠?"

"명예와 부"라고 말하고 용은 조용히 덧붙였다.

"증오와 복수"

"알았어요."

나는 대답했다.

"이 둥근 선의 바깥으로 당신 힘을 보여주면 곧장 당신 곁으로 달려 가겠어요. 내게 가장 중요한 두 가지 소원을 이루어주세요!"

용은 증거로 내 발밑에 금화를 비 오듯 쏟아부었다. 용이 나타날 때면 으레 뒤따르는 돈벼락이었다.

그러나 나는 금화를 반원테이블 위로 내던졌다.

"금화 따위는 필요없어요."

"달리 무엇이 필요한가?"

"가필드의 관심을 송두리째 빼앗아 간 여자에게 복수하고 싶어요."

용은 코웃음을 쳤다.

"미나 말인가? 결국, 그거였군. 그녀는 죽는다. 오직 너만이 가필드의 여주인이다."

나는 용의 곁으로 달려갔다. 그의 약속에 어느덧 두려움은 사라지고 자신감이 차올랐다.

"당신에게 완전히 항복하겠어요. 그러니 한 가지 더 들어주세요. 내가 맺은 어떤 인간관계도 나를 방해하지 않도록, 다시는 사랑 때문에 비참하고 괴롭지 않도록 해줘요."

"약속하지. 내겐 그럴 능력이 있고, 그렇게 하겠다."

용은 다시 생명 없는 대리석상으로 돌아갔다.

나는 피곤이 몰려와 의자 깊숙이 몸을 묻었다. 1시간 후 나는 아무에게도 들키지 않고 로지를 빠져나왔다. 새벽 2시 반쯤 집에 도착했을 때까지 가필드는 곤히 자고 있었다. 나는 신전열쇠를 그의 안주머니에 되돌려놓고 잠자리에 들었다. 그러나 잠을 이룰 수 없었다.

가필드는 다음날 아침 10시가 되어서야 겨우 눈을 떴다. 지난밤 일을 까맣게 모르는 가필드는 자상하고 정중하게 나를 대했다. 이후로 가필드는 두 번 다시 미나를 만나지 않았다.

1주일 뒤 미나가 길을 가다 돌연 실신하여 차에 치였다. 검시를 담당한 의사들이 혈관 속에서 파열된 종양을 발견했다. 극히 드문 사례라고 했다. 한동안 파리 전체가 사고 이야기로 들끓었지만 이내 잠잠해졌다. 오페라 극장에 새로운 발레스타가 탄생했기 때문이다.

가필드 역시 그녀의 죽음에 태연했다. 내게 오히려 전보다 씀씀이가 커졌다. 목에 남아있던 용의 발톱자국도 차츰 사라져갔다.

용은 나의 모든 소망을 들어주었다. 미나에 대한 비인간적인 부탁뿐만 아니라 가필드에게 몰래 자신을 만난 사실도 숨겨주었다. 이런 일들은 용과 내가 특별한 음모로 더 친밀하게 엮여 있다는 자긍심마저 갖게 했다.

어느 날 밤, 나는 모든 것을 주의 깊게 고려한 다음 용이 원했던 피의 증서를 작성해 서명했다. 그리고 이 지옥의 계약서를 봉인했다.

철의 재상 비스마르크의 계략

어느 금요일, 나는 밤 10시 반에 열리는 비전자 모임에 참석하라는 지시를 받았다. 기분 좋은 소식이었다. 낮은 위계는 새벽 2시 집회에만 참석이 허용되었기 때문에 이는 승진을 의미했다.

나는 탈의실에서 흰색의 의례용 의상으로 갈아입고 왼손에 로지 내에서 금전청구권리를 상징하는 수정원반을 들었다. 잠시 후, 그랜드마스터가 탈의실로 찾아와 나를 중앙홀의 입구까지 안내하고는 말없이 사라졌다. '드디어 비전자의 원탁회의에 영입되는 것인가.' 가슴이 두근거렸다.

문이 열리고 안으로 들어오라는 지시를 받았다. 정부지도자들이 모인 대회의가 열리고 있었다. 그 자리에서 내 기대는 무참히 무너져내렸다. 승진 소식은커녕 그들은 새로운 임무만 내게 부여했다.

"내일 베를린으로 떠나시오. 그곳 최고 로지의 지령을 받고, 그에 따르도록."

그때 처음 나는 다른 곳에도 최고 로지가 있다는 사실을 알게 되었다. 일절 질문하지 말라는 메이슨의 규정 때문에 더 이상은 알 길이 없었다.

내가 수정원반을 건네자 그들은 6천 프랑이나 되는 거금을 건네주었다. 그래서 지금 내가 맡은 이 임무가 매우 중요할 뿐 아니라 최고 권력이 직접 내린 지령이 아닐까 추측해보았다. 궁금증이 발동한 것은 말할 나위가 없었다.

그곳을 나오다가 뜻밖에 비밀리에 프랑스에 와있던 가필드를 만났다. 가필드의 팔짱을 끼고 프린스호텔로 향해 가면서 나는 아무런 말도 꺼내지 않았다. 그가 먼저 나서서 모든 상황을 설명해줄 것이 분명했다. 특히 아직 경험이 없는, 그러나 내가 곧 휘말리게 될 정치세계에 대해서.

'이번에도 위장공작일까, 아니면 또 다른 살해계획일까?'

호텔에 다다를 무렵이 되자 가필드는 이번 여행의 동반자가 베를린에서 도착했다는 얘기로 입을 열었다. 그리고 내게 그 낮은 위계의 형제를 소개해줄 예정이라고 귀띔했다.

"좋을 대로. 그나저나 우린 언제까지 이별만 하는 건가요?"

"당신은 그런 일에 신경쓰지 않잖아?"

그가 신경을 곤두세우며 거만한 말투로 덧붙였다.

"당신이 다른 사람을 걱정해준 적이 있었나? 날 망치기 위해서라면 어떤 사내라도 유혹할 걸."

나는 초연한 척 살짝 웃어넘겼다. 사실 가필드는 이번 여행을 몹시 못마땅해했다. 베를린에서 내가 비스마르크Bismarck를 상대한다는 사실을 알고 그는 분개했다. 남자가 남자에게 느끼는 질투심, 가필드 마음속의 동요와 불안을 나는 은근히 즐겼다.

내가 소개받은 형제의 이름은 타울러Tauler였다. 장년의 남성으로 풍부한 교양을 갖춘 그가 어떻게 메이슨의 덫에 걸려들었는지 동정심이 들 정도였다. 그가 하는 모든 말에 선견지명이 느껴졌다.

소개받을 때 주고받은 비밀암호 외에 그가 메이슨임을 암시하는 것은 아무것도 없었다. 그도 자신이 메이슨이라는 사실을 굳이 언급하지 않았다. 다만 내가 고위 메이슨임을 아는 듯 그는 정중하고 예의 바르게 행동했다.

 타울러의 태도에 탄복하며 대화를 나누고 있는 도중에 가필드가 불쑥 끼어들어 카드 다발을 내밀었다. 그중 한 장의 카드에 '쿠텐Goutanceau 백작부인'이라고 적혀 있었다. 가필드의 필체가 분명한 카드 한 장도 눈에 띄었다.

 '이것이 당신의 이름이 될 거요. 당신은 나르본Narbonne에서 태어난 해군사관의 미망인으로 파리에서 1년간 살았어. 오늘 오전 10시에 필요한 모든 서류를 넘겨주지. 꼼꼼히 살펴 가족사항을 잘 파악해두라고. 카드는 흔적을 남기지 말고 없애버리도록.'

 나는 긴장감을 애써 감추고 대화를 이어갔다. 저녁식사 후, 타울러와 새벽 1시 파리역 북쪽 출구에서 다시 만나기로 약속하고 헤어졌다. 드디어 출발이다.

 나는 오전에 상점이 문을 여는 시간을 기다려 필요한 물건을 구입했다. 그리고 남은 시간을 가필드와 보내며 건네받은 서류를 열심히 훑어봤다. 쿠텐 백작부인의 출생, 결혼, 남편의 사망과 관련된 내용과 쿠텐 백작의 가문, 양가의 가계도까지 첨부되어 있었다.

 내내 괴로운 표정으로 서 있던 가필드가 갑자기 나를 끌어안더니 이번 여행으로 둘 사이가 멀어지지 않기를 바란다는 속마음을 털어놓았다. 차갑고 계산적이기만 하던 남자가 처음으로 자제심을 잃고 있었다.

그는 다시 한번 나를 세게 끌어안고 이탈리아어로 속삭였다.

"부탁이야, 변함없는 연인으로 돌아와 줘."

가필드는 자리를 떠나 타울러와 잠시 이야기를 나눈 뒤, 우리를 열차 객실로 안내했다. 열차가 출발할 때, 쓸쓸히 역을 빠져나가는 가필드의 모습이 눈에 띄었다. 무척 늙어보이는 그의 뒷모습이 생소하기까지 했다.

그로부터 3일 후, 나는 베를린의 프랑스대사관을 방문해 온갖 종류의 사람들에게 환대를 받았다. 처음 보는 사람들조차 깊은 관심과 우정을 보여주었다.

다음날 아침, 나는 프리메이슨 심벌인 G문자, 직각자, 컴퍼스 문양이 찍힌 편지를 받았다.

'오늘 밤 당신은 크리스탈팔레스 극장에 초대받을 것이다. 휴식시간에 비스마르크 수상을 대면한다. 그를 위해서 그대가 베를린에 머무는 것임을 명심하라.'

극장에는 타울러가 비스마르크와 나를 위해 마련한 특별 칸막이석이 준비되어 있었다. 잠시 빌헬름 황제의 칸막이석으로 이동한 타울러는 한동안 황제와 유쾌하게 대화를 나누었다. 내 이야기를 하는지 황제는 간혹 내 쪽을 돌아보기도 했다.

몇 분 후, 비스마르크를 동행하고 타울러가 내 칸막이석으로 돌아왔다. 비스마르크의 움직임을 눈치챈 모든 관객의 눈길이 내게 쏠렸다.

나는 호기심 어린 시선이 당혹스러웠지만 비스마르크에게는 짐짓 거드름을 피우며 손을 내밀었다. 동시에 이번 여행을 위해 가필드가 일러준 고위 메이슨의 인사를 보냈다. 동쪽과 서쪽을 보고 나서 바닥을 내려다보는 나의 신호에 비스마르크도 같은 신호로 답했다.

비스마르크는 위대한 흉갑기병胸甲騎兵으로, 세련된 인품, 술수, 친절함의 표본 같은 인물이었다. 나와 마주앉은 그는 이렇게 입을 뗐다.

"이 나라를 다스리는 것은 황제지만 실제로 모든 것을 움직이는 사람은 나라오. 그대와의 교섭을 통해 나는 주인이 될 생각이오. 황제조차 능가하는 주인이!"

단도직입적인 그의 표현에 나는 조금 당황했다. 그는 내가 음모에 숙련된 자라고 믿는 듯했다. 어떻게 하면 좋을까? 나는 신중을 기해 지금은 적기가 아니라고만 대답했다. 로지의 지시없이 권한 밖의 행동을 할 수는 없었다.

비스마르크는 다음날 대사관에서 다시 만나 구체적인 대화를 나누자고 제안했다. 대사관에서의 회담제의는 기밀누설을 막고자 하는 의도가 다분히 깔려 있었다.

약속대로 비스마르크는 다음날 이른 아침 나를 방문했다. 그 자리에서 비스마르크는 군주제에 대한 불만을 털어놓았다. 독일황제 빌헬름 1세Wilhelm Friedrich Ludwig I 1797~1888, 비스마르크를 기용하여 철의 정치 실시보다 자신이 더 막강하다고 믿고 있던 그는 단지 황제라는 지위를 지켜주기 위해 자신의 귀한 시간을 낭비한다고 여기고 있었다. 그는 자신의 모든 시간과 열정을 유럽 전체를 지배하는 일에 쏟고 싶어했다.

이즈음 메이슨은 프랑스와 달리 독일의 군주제를 무너뜨릴 의사가 전혀 없었다. 대신 이탈리아 왕조처럼 빌헬름 황제와 그 아들을 메이슨에 끌어들일 계획을 세웠다.

독일왕가가 메이슨의 지도부로부터 지령을 받는다면, 수상은 황제를 뛰어넘는 실권을 행사할 수 있었다. 수상이 황제보다 지위가 높은 메이슨이니 황제는 수상에게 복종할 수밖에 없는 상황이었다.

이 대담무쌍한 전략이 메이슨에게 얼마나 중요한지 나는 충분히 이해했다. 이미 비스마르크를 수중에 넣었으니 이제 그 마수를 황제에게 뻗친다면 메이슨은 독일을 완전하게 지배하는 셈이었다. 이런 식으로 그들은 유럽 전체로 지배권을 확대할 수 있다고 믿었다.

프랑스혁명French Revolution 1789-1794 이후 프랑스는 메이슨의 지배하에 있었지만 정부에 속속 새로운 지도자들이 등장하면서 점차 독립의 목소리가 높아져 갔다. 이에 로지는 프랑스보다 독일을 우위에 두는 쪽을 선택했다.

한편 비스마르크 입장에서도 프랑스에 맞서기 위해서 또 자국 내에서 자신의 지위를 고수하기 위해서 로지의 막강한 힘이 필요했다. 비스마르크의 협력은 로지가 세계를 뒤엎는 결정적 요인으로 작용했다.

그렇다고 해도 황제를 무슨 수로 메이슨에 끌어들인단 말인가. 일개 백작부인의 이름을 빌렸을 뿐인 여자가 한 나라의 군주를 변절시키려는 비스마르크의 계략에 어찌 도움을 줄 수 있단 말인가.

"침착해요."

동요를 눈치챈 비스마르크가 크게 웃으며 말했다.

"나는 당신을 전폭적으로 신뢰한다오. '성서Holy Book, 메이슨의 성서'를 읽으면 방법을 알 수 있을 것이오."

그는 다음날 내가 황제를 알현하게 될 것이라고 말한 뒤, 기묘한 보석을 건네주었다. 다이아몬드가 박힌 팔찌였다.

"내일 황제를 접견할 때 황제의 눈에 띄도록 머리에 꽂으시오. 이것이 로지 이야기를 꺼낼 기회를 줄 테니."

파리에서 가필드가 보내준 의상에 맞춰 나는 갈색 머리를 금발로 물들였다. 화장을 하고 나니 얼굴마저 딴 사람처럼 보였다. 황제를 접견할 시간이 다가오자 심장이 고동쳤다. 나는 정치에 관심있는 지적이고 유력한 부인으로 소개될 예정이었지만 실제로는 정치에 무지했다.

예전에 무척이나 곤혹스러운 이 일을 가필드에게 의논했을 때 그는 이렇게 나를 위로했다.

"당신이라면 주어진 역할을 완벽하게 해낼 거야. 정신 바짝 차리면 문제없다고."

마음속으로 메이슨의 성령에게 이 막막한 상황을 도와달라고 호소했다. 일개 조각상에 생명을 불어넣는 용을 완전히 신뢰하진 않았지만 절대적인 확신이 필요했다.

　나는 베를린 궁정에서도 이탈리아 궁정과 같은 후한 대접을 받았다. 사람들은 너나없이 내 주위로 모여들어 내 입에서 나오는 진부한 말들을 신탁처럼 여기고 따랐다.

　어느 순간, 황제가 내 머리장식을 주목하는가 싶더니 좀 더 자세히 보여달라고 청했다. 나는 황제에게 다가가 장식이 잘 보이도록 무릎을 굽혔다.
　"내 눈에는 프리메이슨의 심벌처럼 보이네만."
　"맞습니다. 그것도 진짜 물건이지요."
　그 말은 황제의 마음을 사로잡았다. 나는 살짝 미소를 띠고 말했다.
　"세계적인 이 조직은 비밀을 유지하는 탓에 두려운 존재로 여겨지고 있지요. 그러나 온갖 계층의 저명하신 분들, 더구나 교양과 미모를 겸비한 많은 숙녀들의 모임을 한 번이라도 직접 눈으로 보신다면 그 두려움은 말끔히 사라질 것입니다. 분명 입회하고 싶은 마음이 드실 것입니다."
　"그렇다면 메이슨은 무슨 이유로 저렇듯 비밀에 가려져 있는 건가?"
　"모든 대중에게 문호를 개방하여 서로 어울리긴 곤란하지요.

황제께서 이를테면 술에 취한 노동자 따위들과 어울릴 수는 없지 않겠어요."

이 말은 83세의 황제에게 정확히 먹혀들었다. 그의 얼굴이 풀리는 것을 놓치지 않았다.

그로부터 3일 후 나는 황제가 전하는 은밀한 모임의 초대장을 비스마르크를 통해 전해 받았다. 황제는 우리의 재회를 기뻐하며 나와 관계를 지속하고 싶다는 의사를 밝혔다. 그러고는 베를린에서 몇 마일 떨어진 곳에 있는 훌륭한 저택과 토지를 마음의 표시로 하사했다.

나는 한동안 이 소유지에서 매년 5천 프랑을 거둬들였다. 하지만 탐욕스러운 로지는 곧 사유물 소유를 금지시켰다. 또 그들은 나에게 고위 비전자로서 모든 시간을 메이슨에 바칠 것을 요구했다.

세 번째 만남에서야 비로소 나는 황제를 올가미에 옭아넣을 절호의 기회를 잡았다. 황제가 로지에 대해 다시 질문했을 때 이번에는 약간 압력을 넣어 대답했다.

"폐하께서 식견을 갖기 위해서라도 로지에 들어오시길 권합니다. 그러고 나서 결정하셔도 늦진 않지요."

황제가 반응을 보였다.

"마지막으로 묻네만 왕가의 사람이 이 결사에 소속된 적이 있었나?"

"움베르토 1세 폐하는 회원이십니다. 그분만이 아니지요. 움베르토 전하는 즉위하신 뒤, 메이슨이 전하를 성공으로 이끌었다고 하셨습니다."

나는 거기까지 말하고 물러나오기를 청했다. 동서고금을 막론하고 사내들이란 미인에게 넘어가기 마련이었다. 하긴 황제를 결사에 가입시키기 위해 치밀한 묘안을 짠 덕분이었다. 발각되면 감옥행은 불을 보듯 뻔했다.

8일 후, 베를린을 떠나기 전에 나는 대사관에서 비스마르크를 다시 만났다. 그는 범죄에 가담하라고 나를 회유했다.

"사적인 일로 궁금한 것이 있소. 이번 사명과는 무관하지요. 그대가 가필드에게 원한이 있다던데 실은 이심전심이라오."

메이슨은 지난 2년 동안 나의 일거수 일투족을 감시했고 이는 고위 비전자 상호 간에도 이루어지고 있었다. 이 과정에서 나는 여섯 군데의 로지와 고위 비전자들이 서로 긴밀한 관계를 맺고 있다는 사실을 알게 되었다.

비스마르크는 자기 방식대로 메이슨을 쥐고 흔들기 위해 이

모임에 가담해 가필드를 최고 자리에서 밀어낼 계략을 꾸몄다. 가필드와 비스마르크가 하나로 뭉쳤다면 미국, 독일, 프랑스, 이탈리아 등 전 세계를 아우르는 메이슨의 세력을 구축할 수 있었겠지만 둘은 해묵은 권력싸움만 계속하고 있었다.

비스마르크는 말을 이어갔다.

"가필드는 미국 주도 아래 유럽과 동맹관계를 맺으려 하지요. 허나 우리는 메이슨에 의한 유럽연합을 바라고 있소. 그래서 현재 미국과 유럽의 관계가 삐걱거리고 있소. 당신은 가필드를 매장하고 싶을 텐데, 내게는 그럴만한 힘이 있소. 우리가 함께 손을 잡는다면 그의 파멸은 불을 보듯 뻔한 일이오."

비스마르크는 미래의 미국 대통령 가필드가 파리 로지의 규율을 위반한 몇 가지 자료를 내놓았다. 가필드가 로지의 지령보다 자신의 이익을 먼저 추구했던 증거들이었다. 그는 이내 내 미모를 칭송하며 말했다.

"이 말은 차마 안하려고 했는데…. 그가 우리의 아름다운 분을 혼자 독차지하고 있기 때문에 성령의 노여움을 사고 있지요. 심판의 날이 얼마 남지 않았소!"

비스마르크는 가필드의 실추를 보장하기 위해 가필드가 쓰거나 서명한 갖가지 문서들도 보여주었다. 가필드와 운명을 함께 하든 그렇지않든 내 자유라는 비스마르크의 말에는 은근한 압력까지 느껴졌다.

  물론 나는 가필드와 운명을 함께할 마음이 전혀 없었다.

  "결국, 가필드는 저를 속이고 약탈했어요. 그에게 복수할 준비가 되었답니다."

일루미나티의 성서

 파리로 돌아온 첫 번째 금요일, 베를린에서 일으켰던 사건의 전말을 비전자에게 보고했다. 그들은 내게 다음 월요일 '시궁쥐'라 부르는 대평의회에 출석해 좀 더 자세하게 보고하라고 지시했다.

 로지를 나오면서 나는 가필드에게 따라오라는 신호를 보냈다. 그는 지독히도 괴로운 표정이었으나 군말 없이 내 요청에 응했다. 나는 그런 가필드를 다정하게 대하려 애썼다. 하지만 그는 순간순간 비스마르크를 들먹이며 증오심을 드러냈다.

 나는 "독일수상은 교양있고 명석한 실력자시더군요." 하며 그의 불신을 희석시키려 노력했다. 그때마다 "그러니까 비열하지, 여자 치맛자락 뒤에서 노는 비겁한 놈이야!"라고 가필드는 소리 질렀다. 나는 못들은 척했다.

"그놈을 다시 만날 건가?"

"만날지도 모르죠."

"어디서?"

"글쎄요, 베를린, 파리 아니면 독일의 드레스덴…"

대답이 궁해져 나는 비위를 맞추는 작전으로 나갔다.

"왜 그래요? 당신이 말한 대로 충실한 친구로 돌아왔잖아요. 내 마음속에는 오직 당신밖에 없답니다."

그 말에도 기분이 풀리지 않았는지 가필드는 여전히 거칠게 굴었다. 계속된 가필드의 행동거지에 점차 짜증이 나기 시작했다. 그가 진정되었을 무렵에는 그나마 남아있던 존경심마저 사라졌다. 그런 태도만 보이지 않았더라면 나는 저명 인사의 애인 노릇을 계속하고 있었을지 모른다. 다시 한번 가필드와의 이별을 예감했다.

그가 화제를 돌렸다.

"당신은 여전히 비전자 집단에 들어오고 싶소?"

"물론이지요. 베를린에 머물 때 확실히 결심한 걸요."

"그렇지만 당신은 메이슨의 영, 용의 존재를 진심으로 믿진 않잖아."

"당치도 않아요. 믿어요! 지금은 높은 힘이 존재한다는 사실을 믿는답니다. 그 이상은 모르지만요. 참된 계시와 망언을 믿는 것은 별개지요."

나는 지난날 진작 용이 심어준 확신을 가필드가 눈치채지 못하도록 감쪽같이 숨겨왔다. 그는 자신이 베푼 교령실험交靈實驗이 내게 확신을 주었다고 믿는 듯했다.

월요일 대평의회에 참석했지만 정작 얼굴을 내민 사람은 나뿐이었다. 결국 내 보고계획은 무산되었다. 책상 위에 읽으라는 의도로 보이는 큼지막한 책이 놓여 있어 펼쳐들었다.

비전자들이 말하던 '성서'였다. 원본은 비잔티움이스탄불의 최고 로지에 보관되어 있었으므로 아프리카, 미국, 동인도, 러시아, 프랑스, 이탈리아의 그랜드로지에 소장된 여섯 권의 사본 중 한 권일 터였다. 첫 페이지에 적힌 주의사항이 눈에 들어왔다.

'이 내용을 읽고 그것에 잠겨 전폭적으로 신뢰하라. 여기에 적힌 진리는 의심 없이 믿어야 한다. 이는 너에게 하시는 말씀이다.'

나도 모르게 표정이 누그러졌다. 가필드의 독특한 필체를 알아보았기 때문이다. 나는 재빨리 메이슨의 예언과 루치펠의 대목표를 찾아보았다. 성경의 '요한묵시록'을 패러디한, 온통 성경을 반증하는 내용들이었다.

루치펠의 모순투성이 광시곡이 적힌 페이지들을 시큰둥하게 넘기다가 마침 로지가 처음 결성되어 10세기 말에 지배력을 통일했다는 부분을 읽게 되었다.

그때 좀 더 살펴보았더라면 내가 속한 로지와 모체인 로지와의 관계를 파악할 수 있었을 테지만 당시에는 시답잖은, 꾸민 이야기로만 치부해 건성으로 지나쳐버렸다.

그때 읽은 메이슨의 성서에서 몇 가지를 기억하는데 그중 하나가 성경의 창세기와 완전히 모순되는 우주창조론이었다. 그들은 메이슨의 성령이 지구에 오기 전에 외우주를 지배했다고 했다. 또 창조주인 신은 불이며 이 불에서 빛이 생겨나 지상을 떠돌다가 어린아이들을 빚었다고 적혀 있었다. 그들의 성서에 의하면 루치펠의 아버지가 불, 어머니가 빛이었다.

999년, 드디어 '광명에 비추인 영들'의 "한 사람을 칭송하라!"는 외침과 함께 메이슨의 성령이 지상에 강림했고, 그해에 새로운 세계가 낡은 세계를 대신할 것을 감지한 세상 사람들은 죽음을 예견하며 소유물을 버리고 떠났다고 했다.

루치펠과 유대인의 결속을 상징하는 '다비드의 별'도 보였다. 그 옆의 쇠사슬에 매여있는 천사 그림에는 '세계를 전복할 높은 힘에 묶여 있다.'는 설명이 붙어있었다.

갖가지 종교분열에 대한 복잡한 설명과 가톨릭교회를 처음부터 공격한 프로테스탄트의 이단성에 대해서는 각주로 해설되어 있었다.

무엇보다 그들은 모든 이단이 '우주로부터 광명을 얻은 마스터'에 의해 시작되었다고 했는데 최초의 이단자는 이슬람교의 창시자 마호메트Mohammed 570-632였다.

마호메트가 통일을 이룰 만큼 힘을 발휘하지 못하자 메이슨이 마호메트 교도들을 비밀의례로 결속시켜 전쟁을 승리로 이끌었다고 적혀 있었다. 만약 메이슨이 직접 나서지 않았다면 마호메트교는 종적을 감췄을 거라는 기록도 보였다.

'로지의 자식들이여, 나는 펠리컨과 같이 작은 자들의 곁에 왔노라.' 갓 태어난 새끼를 사랑하는 펠리컨에 빗대어 인간을 사랑한 예수를 우롱하는 말도 있었고, '나는 내 마음을 다해 나의 피와 고통, 나의 추방당함을 통해 너희를 양육하였다. 나는 왕좌에 앉기 위해 온 것이 아니라 어린양의 피를 통해 너희의 생명을 지키고자 왔노라.' 하는 글귀도 있었다.

더하여 종말의 날에 프리메이슨이 영원히 지배하리라는 예언이 이어졌다.

지리멸렬함에 넌더리를 내며 읽어가던 중, 눈이 한군데 고정되었다. '영'이 메이슨을 책망하는 부분이었다. 영은 점차 감정에 치우쳐 난폭해지고, 사려가 부족해진 메이슨에 실망해 자신을 드러내지 않을 시기를 언급했다.

'너희가 이제 나를 볼 수 없을 때가 오리라. 절망과 공포가 너희에게 닥치리라. 그때서야 너희는 나를 향하겠지만 한 여자가 올 때까지 나는 너희에게 말하는 일이 없으리라.'

예언은 이어졌다.

'낮에 한 아이가 너희에게 갈 것이다. 밤에 또 다른 한 요정이 그랜드오리엔트가 있는 그랜드로지로 갈 것이다. 그녀는 강해진다. 내게만 전적으로 의존하지 않기 때문이다. 나는 그녀를 높이겠다. 그녀에게 세계는 비좁으리라. 너희는 내가 지배하는 그녀를 통해 계시를 받을 것이다. 그녀는 나와 하나이고 무엇으로도 우리를 갈라놓을 수 없다. 들어라! 한 여인이 와서 죽었다. 지금 있는 두 번째 여인도 죽을 것이다. 세 번째 여인은 와서 살리라. 때때로 휴식과 여흥이 필요해 그녀가 잠시 쉬더라도 그녀를 거부해서는 안된다. 그렇지 않으면 그녀는 내게서 떠날지 모른다. 그러나 시대가 우리를 묶어놓아 결코 갈라놓을 수 없다. 명심하라, 나는 이 여인을 통해 말하리라.'

　이 세 번째 여인이 나라고 한 비스마르크의 말이 떠올랐다. 가필드도 나에 관한 예언을 언급한 적이 있었다. '영'이 '무녀', '선택받은 자'라 부르는 이는 분명 나였다. 물론 내 이름이 적혀 있지 않았지만.
　여기에는 로지의 두 가지 책략이 도사리고 있었다. 먼저 악마가 예언한 세 번째 여인이 나타나면 악마는 미래를 내다보는 능력이 있는 셈이었다. 실제로 악마는 미래를 알지 못했다.
　또한 앞서 실패한 두 여인에 대한 비난에서 벗어날 수 있었다. 나 이전에 가련한 여인들이 한결같이 죽임을 당한 것은 그들이 예언된 여인이 아니었기 때문이라고 변명하면 그만이었다. 이제 그들은 전 세계로 지배권을 확대할 수 있는 다른 여인을 찾았다고 둘러댈 것이 뻔했다.
　나는 오래 전에 기록된 이 책에 놀라지 않을 수 없었다. 나를 이 무시무시한 길로 끌어들인 누군가도 이 책에 영향을 받았음이 분명했기 때문이다.
　나는 이틀간 로지에 머물며 이 난해한 책을 한 장 한 장 읽어

나갔다. 비난받아 마땅한 내용들이었지만 하나라도 더 알아야 겠다는 마음으로 열심히 탐독했다.

루치펠의 비밀교의

얼마 후, 대회의에 참석했다. 환하게 불을 밝힌 축제홀에는 반원을 그리듯 의자가 즐비하게 놓여 있었고 팔걸이의자가 홀 중앙을 차지하고 있었다. 회의장은 목사, 대의원, 상원의원으로 북적거렸다.

나는 도움을 받아 몸의 곡선이 드러나는, 금색광선이 그려진 검은색 튜닉을 입고 붉은 비단안감을 덧댄 토가를 걸쳤다. 그리고 금발로 염색한 머리를 어깨까지 늘어뜨렸다. 이마를 덮은 황금머리띠가 내가 '최고의 성령'인 용의 영역에 들어섰음을 일깨워주었다.

그랜드마스터와 함께 회의실을 향해 걸어갔다. 거기서 예의 그 '7, 3, 1' 암호를 두드리자 문이 열렸다.

그때 아시아 기사들이 다가왔는데, 일찍이 그처럼 아름다운 복장을 본 적이 없었다. 전신을 갑옷으로 무장하고 황금테를 두른 붉은 외투를 걸치고 있었다. 무릎까지 오는 부츠는 가죽바지 위에서 단단히 조였고, 머리에는 보석과 황금장식을 한 투구를 썼는데 투구에서부터 등을 향해 깃털이 드리워져 있었다. 그들의 왼손에는 방패가 들려 있었다.

그들은 나를 반원의 중앙으로 인도한 후 혼자 남겨 놓았다.

드디어 전원이 참석한 대회의가 시작되었다. 먼저 80명의 고위 위계 형제들이 자리를 잡자 각지의 그랜드로지 대사인 15명의 아시아 기사가 자리에 앉았다. 그들은 곧 내게 준엄한 심문을 퍼붓기 시작했다.

나는 두 시간 반 동안이나 이어진 질문에 선 채로 대답해야 했다. 잠시라도 의자에 앉고 싶은 마음이 간절했다. 그들은 회원의 의무, 로지의 규약, 마스터에 대한 경의, 대회의 결의사항 전반에 걸쳐 내가 얼마나 주의를 기울이는지 주도면밀하게 살폈다. 나의 생각, 계획, 버릇까지 꼬치꼬치 캐물었다.

나는 속으로 그들이 알아도 되는 내용인지를 따지느라 진땀을 흘리면서 그들이 바라는 답을 하려고 애썼다.

이어서 빨간 구슬찬성과 검은 구슬반대을 항아리에 넣는 투표가 실시됐다. 찬성 84, 반대 3이었다. 완전한 승리라고 볼 수도 있었으나, 나를 반대한 세 사람에 신경이 쓰였다. 회원들에게 축하인사를 받아도 왠지 기분이 착잡했다. 나는 의자에 앉아 얼굴을 두 손에 묻었다.

'반대한 세 사람은 도대체 누굴까?'

가필드와 여섯 전수자만 남게 되었을 때 나는 가필드에게 다가가 매섭게 노려보았다. 그리고 다른 회원들이 눈치채지 못하게 그리스어로 물었다.

"반대표를 던진 게 당신이죠!"

"맞소. 당신을 구하고 싶었는데 허사로군. 앞으로 당신은 새로운 길을 걷게 될 테지. 성령이 원하고 있으니까. 성령의 의지는 이루어질 거야."

"제 의지이기도 해요."

가필드와의 결별을 마음먹고 있던 터라 가능한 모질게 내뱉었다. 그가 내 마음을 읽기라도 한 듯 중얼거렸다.

"내가 당신을 얼마나 사랑하는지 당신은 결코 알지 못해."

나는 거만하게 그의 옆을 지나 대홀로 들어갔다.

나는 비전자의 원탁회의에 들어가기 전에 또 다른 시험을 치러야 했다. 이는 특별한 설비가 필요한 의례로 파리에서는 치를 수 없었기 때문에 최근 프랑스 보르도에 구입한 건물로 옮겨가야 했다.

내가 가필드와 마차에 오르자, 여섯 대의 마차가 우리의 뒤를 따랐다. 우리는 건물에 도착하자마자 대홀로 향했다. 그들은 루치펠의 주문을 외우며 내 머리에서부터 까만 베일을 내려 씌우고 죽은 이들을 부르는 기도를 시작했다.

기도가 끝난 후 베일은 벗겨졌지만 다시 눈가리개를 한 채 긴 계단을 따라 내려갔다. 어두운 지하실에 도착하자 비로소 가리개가 풀렸다.

온통 묘지를 연상시킬 뿐 아무것도 보이지 않았다. 손으로 더듬자 낮은 책상과 그 위에 있던 꽤 많은 양의 빵과 물이 손 끝에 닿았다. 그때 머리 위에서 목소리가 들려왔다.

"그대의 식량은 그것뿐이다. 그대는 새로운 시련으로 바꿀 수도 있다. 높은 위계를 단념하겠는가? 그들은 이 지위를 EC라는 이니셜로 불렀다"

"단념하지 않겠습니다!" 하고 대답했다.

섬뜩한 목소리가 지하실에 되울려왔다.

"그대는 죽을 수도 있다."

가필드의 목소리였다.

"그 몸으로는 도저히 견딜 수 없어. 여자에겐 너무 혹독한 시험이지. 그대는 거기서 죽는다."

"이 악당!"

나는 고래고래 소리 질렀다.

"그렇게 되면 당신을 저주하며 죽어주겠어!"

"그럼, 안녕히…." 하는 소리가 울렸다. 나도 더 이상 대꾸하지 않았다.

목을 축이기 위해 나는 가끔 물을 마셨다. 피로에 지쳐 잠에 곯아떨어졌다가 공복감으로 눈을 떴을 때, 몇 시인지조차 분간할 수 없었다. 먹지 못한 탓에 움직일 기력조차 없었다. 빵을 집어들었으나 딱딱하게 굳어 벽에 쳐서 쪼개야 할 지경이었다. 빵조각을 물에 적셔 먹는데 화가 치밀었다.

그러나 내가 받는 이 학대를 객관적으로 파악하려 애썼다. 분명 지난번 3일간 편안한 방에서 빵과 물로 지냈던 시험보다 훨씬 고통스러웠다. 그러나 제아무리 혹독할지라도 인간의 한계를 넘어설 것 같진 않았다.

'이 형벌은 내가 예상하지도 못한 순간에 끝날 것이다.'

이런 생각이 들자 용기가 솟았다. 나는 이를 악물었다. 하지만 다시 내가 자극한 탓에 가필드가 복수할지도 모른다는 두려움이 엄습했다. 그러나 이내 마음을 추스렸다.

'가필드는 나를 갖고 싶은 욕망에 들떠있지 않은가. 또 시험관을 감독하는 입장에서 쉽사리 나를 건드리지 못할 것이다. 험담을 퍼뜨려 나를 쫓아내는 일은 가능하겠지만. 그렇다면 파리의 방에서 일어났던 사건은? 로지의 비밀을 알게 된 내 입을 막기 위한 연극에 지나지 않는단 말인가. 경찰은 쿠텐 공작부인, 혹은 크로틸드 베르송을 찾기 위해 이 지하감옥까지 뒤질 생각을 할 수 있을까?'

나는 이런저런 상념에 끝없이 빠져들었다.

배고픔과 갈증으로 몹시 괴로웠다. 극도로 쇠약해져 환영에 시달렸고 차츰 정신이 흐려져 갔다. 언제까지 지하감옥에 갇혀 있어야 할까. 하루, 일주일, 아니면 한 달…

시계도 빼앗겼다. 형벌이 언제 끝날지 알 수 없다는 사실이 무엇보다 고통스러웠다. 하지만 이런 저런 생각 끝에 1주일이면 끝날 것이라는 확신이 생겼다. 그런데 빵은 4일 만에, 물은 5일 반 만에 바닥이 났다.

나는 걷잡을 수 없는 절망감에 사로잡혔다. 증오와 복수의 다짐도 무기력해져 갔다. 그 무엇도 여기서 죽는다면 아무런 의미가 없지 않은가. 마침내 혼미해져 바닥에 쓰러지는 순간 나는 용을 찾아 나를 구해준다면 모든 걸 의탁하고 섬기겠노라 맹세했다.

'나는 이미 초자연적 존재의 힘을 경험하지 않았던가! 이제 내 마음과 영혼을 다 바쳐 기꺼이 용의 노예가 되겠다.'

그때 멀리서 문 여는 소리가 들려왔다. 일어서려고 애쓰다가 다시 힘없이 주저앉고 말았다. 옷매무새를 고치고 힘을 쥐어짜 내 의자까지 기어갔다. 두 번째, 세 번째 문이 열리는 순간 갑자기 천장에서 빛이 쏟아져 들어와 눈을 감았다. 그렇게 하지 않으면 눈이 멀 것 같았다.

실눈을 뜨자 가필드와 또 한 사람, 그레비Grévy 1807~1891. 프랑스공화국 제3대 대통령가 서있었다. 그는 프랑스대통령으로 그랜드로지에서의 서열은 가필드에 이어 두 번째였다.

"그대는 여전히 비전자의 원탁회의에 들어오고 싶은가?"

"네. 저를 아무리 협박해도 비전자의 원탁회의에 들어가겠습니다. 대의회도 제게 찬성표를 던졌지요. 이는 성령의 의지며 메이슨의 성서에도 쓰여 있습니다. 저의 주인은 용입니다. 저는 지금부터 그만을 섬길 것입니다!"

나는 있는 힘을 다해 쇠약해진 몸을 도도하게 일으켜 세웠다. 영묘한 불꽃이 타오르는 내 눈을 본 사람들은 전율했다. 마침내 실신하여 가필드의 팔에 무너져내렸다.

깨어보니 여러 명의 의사가 침대를 둘러싸고 있었다. 내가 8일간 몸져누운 사이 1879년 11월 30일로 의례일이 정해졌다.

가필드는 줄곧 내 곁을 지켰고 몇 사람의 고관을 포함해 비전자들이 차례로 문병을 왔다. 그들은 짐승 혹은 '성령'에게 신탁 받을 때 사용하는 주문呪文 일람표를 주고 패롤parole이라는 암호도 가르쳐주었다. 짐승의 원형신전에 자유로이 드나들 수 있는 열쇠도 손에 넣었다.

의례가 거행되기 전, 며칠간의 여유가 생기자 나는 짐승과의 대화에 마음을 기울이며 그 시간을 즐겼다. 나를 까마득하게 능가하는 짐승은 내가 미처 생각지 못한 많은 것들을 전수해주었다. 이 얼토당토않은 지옥 영과의 교신으로 사후세계에 대한 내 지식은 한층 넓어졌다.

짐승은 모든 종교의 오류를 조목조목 일러주고, 죽은 후 혼이 육체에서 분리되어 계속 살아있다가 새로운 육체를 얻는다는 사실과 타인에게 빙의하는 인마人魔의 존재를 알려주었다.

짐승은 피조被造의 영은 죽은 후 끝없는 시간의 수레바퀴 속에서 '플라톤의 일곱 개의 문'을 빠져나가야 하는데 그 일곱 개의 문을 빠져나가는 데에는 무한대의 시간이 걸릴 수도 있다고 했다. 그러나 짐승은 자신에게 온전히 의탁하기만 하면 아무리 사악한 인간일지라도 끝없는 시간의 수레바퀴를 벗어날 수 있는 영적, 신비적 체험을 할 수 있다고 말했다.

말도 안되는 이런 메이슨의 윤리를 나는 짐승과의 대화를 통해 눈 깜짝할 사이에 터득했다. 그리고 옳다고 믿게 되었다.

나는 피조물에 대한 애착을 말끔히 떨쳐버리고, 영에게 완전히 지배되어 갔다. 하지만 어떤 형태의 빙의가 일어날지는 예상하지 못했다.

짐승은 용의 모습을 취할 때도 사람으로 나타날 때도 있었는데, 사람으로 나타날 때는 특유의 자비가 깃든 모습을 취했다. 애인처럼 말을 건넬 때도 성적인 느낌은 없었다. 여하한 반대도 용납지 않는 주인으로도 등장했고, 종의 모습으로 나타날 때조차 품위있고 우아했다. 또 짐승은 아름답고 훌륭한 귀부인 차림으로도 나타났다.

간혹 일곱 개의 머리를 달고 나타날 때면 그중 한 머리에는 꼭 관을 쓰고 있었는데 바로 칠중관七重冠이었다. 천사로도 나타났지만 빛의 천사가 아닌 어둠의 천사였다. 나를 팔에 안아 공중으로 들어올린 적도 있었다.

짐승이 이렇게 다양한 모습으로 변신하는 이유는 밤의 요정을 감동시키기 위해서였다. 어떤 모습으로 나타나든 짐승은 내 지위를 다른 어떤 피조물보다 높여주었다.

나는 뭐든 보고 깨달았다. 짐승을 통해, 또 짐승 안에서 내가 평범한 프리메이슨을 훨씬 능가한다는 사실을 알았다. 짐승이 나와 보다 긴밀한 관계를 원한다는 생각에 자부심마저 느꼈다. 영은 무리 전체에서 나를 선택했고, 나 또한 그 누구보다 짐승을 사랑했다. 다만 나는 짐승의 다른 일면을 알고 있었다. 큰소리로 불만을 터뜨리며 복수를 부르짖는 짐승을 본 적이 있었기 때문이다.

한때 유능하다고 생각했던 가필드는 공허한 존재로 퇴색되어 갔다. 하루하루 마치 내가 다른 혼으로 사는 것 같았다. 나는 온통 영에 정신이 팔려 밤마다 그와 밀회하는 장면만 떠올렸다. 책을 읽는 것조차 거추장스러웠다.

이런 밤생활이 계속되자 마침내 건강에 적신호가 왔다. 그러나 짐승은 영과 대화를 계속할 수 있도록 힘을 불어넣어 주었다. 영이 씌었을 때, 나는 늘 생생하게 되살아났다.

의례 일이 다가오자 가필드는 반드시 통과해야 할 어려운 의례와 상징절학을 가르쳐주었다. 나는 그의 말에 다시금 귀를 기울였다. 그리고 의례를 치르기 위해 필요한 에이프런, 옷감, 책, 로지의 문장 등을 빠짐없이 갖추었다.

한편으로 나의 악마적인 황홀감은 한결 고요하고 지속적인 도취로 변해갔다.

운명의 성 금요일 전날, 나는 로지에 틀어박혀 의례준비를 하느라 소홀했던 짐승과의 대화를 시도했다. 1시간 반 동안이나 애썼지만 짐승은 모습을 드러내지 않았다. 어떤 달콤한 애정표현도 소용없어 보였다.

그러다가 마침내 마음이 누그러졌는지, 짐승은 아스트랄체고체가 아닌 흐릿한 반투명으로 보이는 영체로 내 밑에 나타났다. 짐승이 잠시 나를 응시하자 나는 황홀경에 빠져들었다.

그 순간 짐승은 무조건 복종할 때만 다다를 수 있는 행복의 최고 경지와 엄청난 명예, 그리고 그랜드오리엔트를 능가하는 메이슨의 지위를 보여주었다. 나는 영에게 그날이 오면 도와달라고 빌었다.

여 예언자의 여행길

1879년 12월 3일, 이날 아침만큼 가슴 벅찬 기대감에 부풀었던 적은 없었다. 나는 가필드와 아침 일찍 로지를 떠나 프린세스호텔에서 다른 비전자들과 함께 식사를 했다. 내내 우울해 보이던 가필드의 얼굴은 이제 슬픔과 염려로 일그러져 보였다. 내 입회소식을 축하하는 고관들의 축전이 속속 날아들었다. 그 속에서 비스마르크의 서명을 찾았으나 보이지 않았다.

우리는 오후 시간을 블로뉴 숲에서 보낸 후, 샬레에서 저녁식사를 하고 축배를 들었다. 나는 한껏 상기되어 8시에 파리로 돌아왔다.

그리고 남은 시간을 영의 신비체험을 식별하는데 정통한 티네라는 남자와 보냈다. 그는 영의 영향을 받을 때의 심리상태와 시련, 그밖의 외적상태를 누구보다 잘 알고 있었다. 그를 통해 오늘 짐승이 나를 어느 정도까지 높이려는지 짐작할 수 있었다. 둘이서 기쁨에 넘쳐 연주를 하고 밤 11시에 로지로 돌아왔다.

나는 의상실에서 흰 아마셔츠를 입고, 그 위에 면 튜닉을 걸쳤다. 이마에는 금관을 쓰고 얼굴을 베일로 덮었다. 그리고 팔에 아마로 된 완장을 찼다.

그랜드마스터가 찾아와 대홀 입구까지 나를 인도했다. 그곳에서 기다리고 있던 프랑스 수상 페리가 내 눈을 가리고 쇠사슬로 양손을 채워 다시 '비학秘學의 방'으로 안내했다. 이미 여섯 비전자와 여섯 아시아 기사가 모여 있었다. 바야흐로 이 수레바퀴 속에 일곱 번째 비전자를 맞아들이는 시간이 다가오고 있는 것이다.

나는 그곳에서 무릎을 꿇은 채 1시간 넘게 심문을 받았다. 그들은 비밀결사에 들어온 이유를 설명하라고 반복해서 요구했다. 이 어마어마하고 중대한 결정을 후회할지 모른다는 설명도 덧붙였다. 인내하며 견디다가 그만 끝내달라고 호소했다. 그런데 내 말이 채 끝나기 전에 강렬한 쇠망치 소리가 들려왔다. 그랜드오리엔트의 음성이 울렸다.

"영께서 납신다. 바닥에 엎드려라!"

쇠망치 소리와 주문이 울려퍼지는 가운데 마치 지진이 일어난 듯 박수소리가 이어졌다.

재차 가필드의 목소리가 들렸다.

"일곱 번 절하라!"

진동이 모든 사람의 몸을 관통했고 가필드가 다시 명령했다.

"일곱 번 절하라!"

그때 불현듯 '짐승은 나를 위해서만 나타나야 한다. 그렇지 않으면 나는 받아들이지 않을 것이다.'라는 예시가 떠올랐다.

그랜드오리엔트가 돌연 "최후의 빛! 피아트 플럭스!" 하고 외치자 비전자 한 사람이 내 눈가리개를 풀어주었다. 눈 앞에 헤브라이어로 주문을 외우고 있는 가필드가 서있었다.

이어 "영의 궁정을 열어라." 하고 가필드가 외치자 내 베일 끝을 잡고 있던 비전자들이 일시에 베일을 찢었다. 베일은 애초에 네 갈래로 나뉘도록 제작되어 있었다. 결국 용은 모습을 드러내지 않았다.

나는 의상실로 돌아와 신부의상으로 갈아입었다. 치맛자락이 길게 붙은 흰 드레스였다. 비전자가 나를 다시 홀로 데려가

자 그랜드마스터가 나무망치를 건네주었다. '7, 3, 1' 리듬으로 문을 두드리자 빗장 하나가 풀렸다. 다시 두드리니 빗장 하나가 더 풀렸고 세 번째에야 문이 완전히 열렸다.

문 앞에는 아시아 기사 여섯이 팔을 크게 벌린 채 서로 손을 포개어 세 줄로 막아서 있었다. 나는 나무망치를 휘둘러 이 삼중벽을 격파하고 곧장 원형신전의 중앙으로 내달렸다. 그리고 일곱 층의 계단식 단에 올라서서 역삼각형으로 놓여 있던 놋쇠 바닥을 나무망치로 두드렸다.

곧 악대가 연주를 시작했고 연주가 멈추는 사이사이 누군가 '탈무드'라고 부르는 메이슨의 성서 한 구절씩을 낭독했다.

신전 내부는 눈이 휘둥그레질 만큼 호화로웠다. 벽 전체가 금박의 천으로 덮여 있었고, 각각의 기둥에는 떡갈나무잎이 우아하게 늘어져 있었다. 천상관람석, 계단식 단, 내가 서있는 연단도 같은 장식으로 꾸며져 있었다.

홀 곳곳에서 샹들리에가 아름다운 광채를 내뿜고, 쇠사슬에 매달린 거대한 황금원반이 신전중앙에서 앞뒤로 흔들리며 홀 전체를 휘황찬란하게 비춰주는 가운데 제복을 차려입은 참석자들은 신전 양측 기둥 사이에 앉아있었다. 연단에서 내려다보는 그 광경이 너무도 강렬했다.

악마를 기쁘게 하기 위해 예수 그리스도를 저버리는 의례가 시작되었다. 함께 서있던 가필드, 티네, 그레비가 엄숙한 목소리로 나를 심문했다.

"그대는 종교에 속해있는가?"

"어디에도 몸담은 바 없습니다."

"그대는 어느 종교 아래에서 태어났는가?"

"로마 가톨릭"

"그대는 이제 그 종교에 대한 신앙을 버리겠는가?"

"한번도 믿은 적이 없습니다."

심장이 고동치는 것을 참으며 말했다.

그들은 예수상이 달린 십자가를 내게 건네며 명령했다.

"그 종교가 무의미하다면 부숴라!"

내 말을 증명하기 위해서 예수를 모독하는 행위를 해야만 했다. 나는 망설이지 않고 십자가를 부숴 바닥에 내던졌다. 처음부터 부수기 쉬운 재료로 만들어진 십자가였다.

세례를 버리는 의례가 다시 거행되었다. 그랜드오리엔트는 피와 물로 물그릇을 채웠다. 그러고는 바닥에 닿을 정도로 깊이 머리를 숙였다가 그릇에 담긴 물과 피를 조금씩 내 머리 위에 부으며 라틴어와 헤브라이어를 섞어 기도했다.

"우리를 이끄시는 지고한 성령이여, 저급한 힘으로 속박하는 세례낙인을 없애주소서!"

'저급한 힘'이란 물론 예수 그리스도다.

"원컨대 성령이 그대의 머리와 이마를 맑게 하시고,

그대에게 임하사 높으신 뜻을 그대가 알게 하여주시길.

그대의 마음을 그 무한한 힘에 굴복시켜

지고한 영^{아띠}에게 비추지 않고는 깨달을 수 없는 바를

그대 안에 잉태하여주시길.

영의 뜻대로 움직일 힘을 그대에게 주시길.

그대를 통해 큰일을 이루시기를.

그대를 통해 일루미나티 로지의 계획에 광명을 주시길.

그대의 마음과 정신이 그 이외의 일에는 무감각해지기를.

위험한 순간에 성령이 그대를 수호하여

과실로부터 지켜주시기를.

그대를 인도하고 주관하시기를.

그대는 영을 위해서만 살도록 완전히 영의 것이 될지어다!"

가필드는 나를 일으켜 한 계단 높은 곳으로 데려갔다. 나는 돔의 바로 밑에 있는 4미터 높이의 '산타 샌트리움_{성스러운 막사}'이라는 작은 단에 올라섰다. 거기서 그랜드마스터는 용에게 달

려가 재차 나타나달라고 빌었다. 길고 기분 나쁜 주문이 1시간 넘게 이어졌다.

  돌연 나는 비명을 질렀다. 눈에 보이지 않는 힘이 나를 낚아채 공중으로 들어올렸던 것이다. 그 순간 나는 사랑하는 자, 영의 목소리를 들었다.

  맙소사! 나를 초월하는 어떤 비밀도 자연법칙도 중력조차도 존재하지 않았다. 이 세상의 미련한 인간들은 어떤 힘이든 자신의 의지에서 나온다고 믿고 있겠지만 그 힘은 바로 영의 능력에서 비롯되었다. 내 인생을 용에게 바친다면 용 안에서 무엇이든 얻고 어떤 것도 실현할 수 있음을 깨달았다.

  영이 부드럽게 나를 내려놓으며 내 머리와 공중에 떠있는 드레스의 일부분만 남기고 날개로 덮었다. 그러고는 살인하라고 충동질했다. 그가 가장 원하는 일이었다.

  영은 교황의 삼중관을 쓴 인형 앞에 서라고 나를 격려했다. 나는 인형의 관을 빼앗은 후, 인형의 가슴을 겨냥해 거침없이 화살을 쏘았다. 로마 가톨릭교회의 교황제를 타도하는 의례였다. 왕인형의 왕관도 강탈해 그림 속의 마치니처럼 손으로 두 동강냈다. 그런 다음 왕권을 상징하는 잔을 빼앗고 단검을 왕인형의 가슴에 내리 꽂았다.

손을 수없이 피로 물들여왔던 터라 이 잔인무도한 행위에도 아무런 죄책감이 들지 않았다. 여성의 온화함은 일찌감치 마비되어 무슨 일이든 거침없이 해냈다. 그 자리에 있던 모든 이들이 나의 포악한 행동에 소스라쳤다.
　애초 신참자는 도움없이 이 복잡한 의례를 진행할 수 없었다. 하지만 나는 영이 친히 이끌었다. 영이 지시한 대로 물그릇에 담긴 피로 두 손을 씻고 신전 중앙으로 가서 선서를 했다.

　내가 가입을 끝마치자 영은 내 머리를 뒤로 젖혀 입에 숨을 불어넣었다. 영적인 화염이 몸의 중앙을 뚫고 지나 온몸이 충만해졌다. 나는 새로운 힘으로 차올랐고 악마에게 지배당한 내 얼굴은 사악한 표정으로 굳어졌다. 이 얼마나 비극적인 일인가!
　새로운 지위를 상징하는 문장을 받는 동안 나는 메이슨의 성서에서 몇 구절을 골라 낭독했다. 가톨릭 성서를 우롱하는 내용이었다.
　"내 기운을 북돋아주는 분 안에서 나는 강하다. 나는 그의 것, 그는 나의 것, 나는 결코 그를 배신하지 않으리!"
　바야흐로 내 안에서 '영'의 힘이 차츰 커져갔다. '너희는 하느님처럼 선과 악을 알게 될 것이다.'라는 뱀의 유혹에 이브가 넘어간 것처럼.

나는 흰 옷을 벗어 불에 던져넣었다. 가톨릭 사제의 상제복上祭服을 대신한 그 옷의 가슴과 등에는 가톨릭 신앙을 상징하는 십자가가 달려 있었다. 그러고나서 나는 프리메이슨의 문장이 달린 그리스풍의 이교도 의상으로 갈아입었다.

두 명의 비전자가 나를 위해 전용토가를 들고 다가왔다. 거기에는 황금컴퍼스와 최고 권위를 상징하는 황금태양이 그려져 있었다. 마지막으로 한 장의 종이와 등록부에 내 이름과 나이, 로지에 가입한 날짜와 이제까지 저질렀던 범죄를 낱낱이 기록했다.

먼저 그랜드오리엔트가 서명하고 이어서 여섯 아시아 기사, 여섯 비전자가 차례차례 짐승 표시뿔이 난 염소로 서명했다. 종이는 온통 프리메이슨의 심벌로 채워졌다.

그러나 그들은 이것으로 만족하지 않았다. 내 오른쪽 엄지손가락에 칼집을 내고 컵모양이 달린 반지로 상처를 눌러 피를 뽑았다. 나는 펜 끝에 그 피를 적셔 종이 위에 얇게 자국이 나있는 메이슨의 서명을 그대로 따라 썼다. 그리고 하느님을 버리는 모든 증서에 서명했다.

'나는 로마 가톨릭교회 십자가의 산 제물, 성삼위일체를 버리겠습니다. 유일신에 대한 신앙을 버리겠습니다. 영으로부터 계시받지 않은 모든 뜻, 영으로부터 나오지 않은 어떠한 일도 버리 것입니다. 내 모든 것, 내 몸과 영혼을 자진해서 영에게 바치겠습니다. 영이 내 마음, 의지, 사고를 독점하기를 소원합니다. 내가 영 안에 살고 행하는 것처럼 영이 내 안에 살고 역사하길 바랍니다. 영의 이름으로 나는 그리스도와 가톨릭교회와 그를 좇는 모든 것을 저주합니다!'

서명을 마치자마자 뒤에 있던 영이 문서를 낚아채 갔다. 이어서 그들은 또 다른 문서를 건네며 지옥의 힘에 완전히 굴복했다는 증거로 죽을 때까지 몸에 지니라고 명령했다.

로지의 법률에 따르면 이 증서는 외부인의 의심을 피하기 위해서만 몸에서 떼어놓을 수 있었다. 하지만 그런 일은 일어날 수 없었다. 언제든 그런 상황이 닥치면 영이 문서를 사라지게 한다고 그들은 믿고 있었기 때문이다.

문서에는 헤브라이어와 비슷한 메이슨의 암호가 적혀 있었는데 이 분야의 해박한 지식 없이는 서명 이외에 아무것도 판독할 수 없었다.

또 그들은 축성된 호스티아를 내게 주며 언제나 내 행동을 감시하는 예수가 심판 때에 지옥행을 내릴 것이라는 사실을 다시 한번 확인시켜 주었다.

의례를 치르느라 극도로 피곤해져 기분전환을 하고 싶었다. '반원의 장場'에서 문장이 새겨진 토가로 갈아입고 차모임이 마련된 축제홀로 향했다. 다들 지친 기색으로 지루한 대화를 이어갔다.

새벽 2시경, 돌연 벨이 울렸다. 회원 중에 티랄프랑스를 비롯한 전체 식민지의 농업대신이 일어섰다. 그는 위층으로 올라가 호화로운 카멜리아 꽃다발과 그 사이에 끼워진 비스마르크의 편지를 가지고 돌아왔다. 비스마르크는 나를 잊지 않았던 것이다.

가필드는 자신도 모르는 사이에 배달된 비스마르크의 꽃다발과 그 사이사이에 박혀있는 호화로운 보석을 보고 안색이 창백해졌다. 그의 눈이 분노로 이글거렸다.

나는 전혀 동요하지 않았다. 가필드는 이미 내게 의미 없는 사람이었다. 나는 오로지 '영'의 것이었다. 가필드가 읽기를 재촉하듯 편지를 노려보았지만 나는 열어보지 않았다. 천천히 차를 즐긴 뒤 혼자서 비스마르크의 편지를 펴보았다.

'축하드립니다. 우리 공동의 친구가필드를 잊지 말아주시오. 영의 이익을 위해서도 즉시 대적해야 합니다. 이것은 영의 말씀이십니다.'

편지의 의미는 명백했다.

'우리의 적, 가필드를 잊지 마라. 영은 그의 죽음을 원하고 있다. 방법은 당신이 알고 있다. 기회는 무르익었다.'

나는 편지를 뭉쳐 난롯불에 던져넣었다. 사형선고가 불 속에서 타들어가는 것을 지켜보고 있으려니 우울함이 주체할 수 없이 몰려왔다. '증오의 씨앗을 뿌리고 죽음의 열매를 거두는 내 운명은 영원히 끝나지 않을 것인가!' 그러나 영이 명령한 일이었다. 나는 준비해야만 했다.

시계가 새벽 3시를 알렸다. 지금이 자신에게 최고로 헌신할 시간임을 영이 일깨워주었다. 영은 독자적인 힘으로 나를 일루미나티의 신부로 끌어올리기를 바랐다. 나는 일개 비전자가 아니었다. 마지막 시험인 입단연설을 위해 일어섰다.

참석자들이 다시 로지로 돌아왔다. 입단식 때 벌어진 살인의 례에 혼비백산한 그들은 내 연설에도 놀라지 않을까 걱정하는 눈빛이 역력했다. 비전자들이 반원테이블 주위에 둘러앉자 나는 단상으로 올라갔다.

'내가 사실상 영의 대변자이며, 내 입에서 나오는 한마디 한마디를 신탁처럼 받들도록 로지의 모든 회원에게 인상적인 연설을 하리라. 모든 것은 기록될 것이다.'

다들 기대에 차서 나를 쳐다보았다. 사실 나는 영에게 모든 것을 의탁하고 연설준비를 전혀 하지 않았다.

'나는 무슨 말을 하게 될까?'

느닷없이 내 입이 열리더니 마치 노련한 연설가라도 된 듯 유창한 연설이 흘러나왔다. 청중은 놀라움에 휩싸였다.

'내가 무슨 말을 하는 걸까?'

내 의지로 말하는 것이 아니라 분명히 누군가 나를 통해 말하고 있었다. 하지만 입에서 나오는 한마디 한마디를 일찍이 그토록 분명하게 인식했던 적은 없었다.

대부분 현안문제를 조목조목 따지는 정치음모사의 해설로 행간에 숨은 의미까지 훑어내는 실로 교묘한 연설이었다. 나는 영의 은밀한 복수와 치밀한 계획에 근거한 헤아릴 수 없이 많은 극비계획에 대해 열변을 토했다. 해야 할 일이 얼마나 남았는지도 거침없이 짚고 넘어갔다.

연설을 하면서 나는 다양한 감정을 드러내는 청중의 표정 하나하나를 놓치지 않았다. 그들은 가공할 능력을 지닌 대변자를 다시 맞아들인 기쁨과 한편으론 공포에 떨고 있었다. 내가 몇몇 회원의 이기적이고 야심에 찬 행동, 잠재된 생각까지 적나라하게 들추어냈기 때문이다.

대부분의 회원들은 부지펠이나 로지보다 자신의 이익을 먼저 추구했고 순수한 동기를 지닌 회원은 소수에 불과했다. 하지만 설득력있는 어조로 위기를 호소했기 때문에 대부분 만족스러워했다.

40분간의 연설이 끝났을 때, 나 자신도 두려울 만큼 큰 힘이 내 안에서 느껴졌다. 가필드조차 동요를 숨기지 못했다. 바야흐로 일루미나티의 일곱 그랜드로지는 일곱 번째의 비전자, 영만이 선택할 수 있는 '은총을 받은 이*'를 다시 옹립하기에 이른 것이다.

그들은 새로운 비전자가 탄생할 때마다 새로운 운동이 일어난다는 사실을 잘 알고 있었다. 그런 이유로 그랜드로지는 '은총을 받은 이'의 등장을 애타게 소망하고 있었다.

연단에서 연설이 끝나기를 기다리던 두 명의 비전자가 경의를 표하며 나를 반원테이블로 인도했다. 나는 양팔을 벌려 먼저 그랜드오리엔트를 향해, 그 다음 비전자, 여섯 아시아 기사에게

---

* '은총을 받은 이'란 표현에 주의. 참된 가톨릭 성서인 도웨성서에는 '경사스러운 성총聖寵으로 충만한 마리아와 예수 탄생 때 가브리엘이 남긴 말들이 기록되어 있다. 루카복음서 1, 28 참조. 그러나 현재 사용되는 성서는 일루미나티의 문구와 똑같은 '은총을 가득히 받은 이'라는 번역어를 사용하고 '성총'이란 단어를 삭제하고 있다. 어떻게 이런 바꿔치기가 이루어진 것일까.

예를 표했다. 그들 역시 똑같이 화답하고 다 함께 루치펠에게 예를 드렸다.

잠시 후 나는 '지르켈Zirkel'이라는 황금컴퍼스를 돌리기 위해 무릎을 꿇었다. 가필드가 다이아몬드 삼각자가 달린 다른 컴퍼스도 건네주었다. 이어 두 명의 비전자가 내게 토가를 걸쳐주었고 티네가 내 왼쪽 어깨에 황금색 태양심벌을 달아주었다. 참석자 전원이 새로운 비전자의 탄생을 축하했다.

오케스트라가 연주를 시작하자 한 가수가 프랑스 혁명가인 '민중의 힘'을 선창했다. 이어 가필드가 찬가 '포로의 신 루치펠에게 영광이 있으라'를 불렀다.

만찬회는 끝날 줄 모르고 계속되었다. 혼자 있고 싶었지만 가필드가 한시도 떨어지지 않고 쫓아다녔다.

차모임 때 나눈 대화는 무척 흥미로웠다. 당시 프랑스는 금융문제로 온 나라가 떠들썩했는데 그들은 유대계 은행을 손아귀에 넣은 메이슨이 저지른 이 금융붕괴 사건을 자랑스레 떠들어댔다.

그들은 은행에 메이슨을 심어두거나, 거액의 운용자금으로 도저히 상대할 수 없는 경쟁상대를 만들어내는 수법으로 시오니스트zionist, 유대민족주의 운동가 계열을 제외한 모든 은행을 파탄으로 몰아넣었다. 라이인은행도 파리은행도 파국을 맞았다.

 마지막으로 여느 때와 마찬가지로 술 파티가 시작되었고 매춘부와 성욕에 사로잡힌 주정뱅이들의 추악한 난교행위가 벌어졌다.

 악한들이 가필드조차 오한을 느낄 정도로 들개처럼 나에게 달려들자 영이 가만있지 않았다. 내게 빙의한 영이 질투심 많은 신을 흉내내는 사이 가필드가 나를 그들에게서 떼어내 추잡한 음행현장에서 데리고 나왔다.

 잠시의 휴식도 없이 아침 6시에 다시 대회의장으로 들어갔다. 로지회원에게 영이 계시한 몇몇 사항과 내가 연설에서 제안한 새로운 방법들을 기록하기 위해서였다.

 영을 부르는 기도를 올린 후, 회원 각자가 질문을 하기 시작했다. 그토록 구역질나는 난교를 치른 뒤 진지한 사업가처럼 논리적인 의견을 내놓는 그들이 같은 사람들이라고 도저히 믿기지 않았다.

 그랜드오리엔트인 가필드는 기록을 일일이 확인하고 요약해 흑판에 기록했다. 각자 취해야 할 행동요령도 써넣었다. 출석자 전원이 이것을 노트에 옮겨 적었다.

 로지형제들은 7월 29일 그랜드오리엔트의 창설일까지 메이슨의 세계지배 계획을 실행할 새로운 방안을 제출하라는 지시를 받았다. 그들은 메이슨을 위해 10년, 20년이 걸린다 해도 민중을 전쟁으로 내모는 전략을 언제나 실행에 옮겼다.

미국 대통령에게 죽음을

 당시 나는 리드단켈크에 정원을 갖춘 아름다운 대저택에서 살고 있었다. 내가 프린스호텔에 묵고 있는 동안 자살한 다니엘 백작이 마련해준 것이었다. 대부분의 가구는 가필드의 도움으로 마련했기 때문에 그 집에 드나들 때마다 가필드가 떠올라 다른 곳에서 살고 싶었다.

 어느 날 외출했다 돌아와 보니, 놀랍게도 집 전체가 말끔히 단장되어 있었다. 고가의 가구, 바닥에 깔린 호화로운 융단, 하인까지 모두 바뀌어 있었다.

 수수께끼는 곧 풀렸다. 나는 더 이상 크로틸드 베르송이 아니었다. 눈앞에 상류사회의 귀부인, 쿠텐 백작부인의 삶이 펼쳐져 있었다.

나는 당장 집안을 정리했다. 싫증난 보석과 의류, 마음에 들지 않는 가구들을 모두 가세가 기운 자매에게 주고 과거의 흔적을 남김없이 지웠다. 게다가 5천 프랑이나 들여 새로운 의상, 가구, 카펫, 말 등을 장만했다. 다소 고가였지만 다른 비전자들에 비해 그다지 사치스러울 것도 없었다. 용은 첫 만남에서 나를 위해 3만 프랑의 금화를 쏟아내지 않았던가.

가필드가 샹제르망 포브르에서 열리는 상류 사교계에 참석하라는 편지를 내게 보내왔다. 웬만한 일에는 눈 하나 꿈쩍않던 나는 순순히 지령을 따랐다.

얼마 후 내 저택에서 수행해야 할 극비 임무가 밝혀졌다. 메이슨은 내 저택을 학자들의 사교장으로 만들 심산이었다. 숱한 파티와 도박 기회를 제공해 제법 성황을 이룬 탓에 뒷날 이곳은 '국립과학아카데미'라는 이름으로 알려진다.

내 역할은 이곳으로 저명한 학자와 정치가를 유인해 그들의 비밀을 캐내는 일이었다. 파티가 열리면 나는 여자들끼리 친밀한 대화를 유도해 저명인사들의 은밀한 악행과 고질적인 노름 습관, 가족의 비밀, 의회에서의 책략, 종교, 명예욕과 금전욕 등 온갖 개인정보를 알아냈다.

우리는 이런 정보를 보수파 우익세력의 계획을 무산시키는 강력한 도구로 이용했다. 그들 중 누군가 권력을 잡을 기미가 보이면 신문이나 주요 인물에게 그들의 비밀을 폭로했다.

성공의 발판으로 로지에 입회했다가 결국 원형경기장의 테이블에서 소름끼치는 인육제에 바쳐진 이들도 있었다. 윤리가 결여된 이 스파이들의 집회에서 얼떨결에 남의 아내와 관계를 맺어, 악마를 섬기는 무리를 적으로 만들어버렸기 때문이다.

쾌락을 추구하는 인간은 앞뒤 재지 않고 빛으로 날아드는 나방과 같다. 쾌락에 병적으로 몰입했다가는 언젠가 날개에 화상을 입고 추락하고 만다.

나는 이 역할을 받아들이기 전에 많은 동료 음모가들에게 확신을 심어주기 위해 비밀 전수식을 받았다. 그들의 도움이 필요했기 때문이다.

첫 번째 금요일에 열린 특별모임에 참석한 나는 모든 로지 형제들에게 '성령의 신부'가 아닌 고위 성직자로 소개되었다. 낮은 위계의 형제들은 메이슨이 저지르는 교묘한 범죄를 전혀 눈치채지 못했다. 지금까지 내가 쓴 내용들이 간혹 애매했던 이유이기도 하다.

여기에서 악마의 '계급조직'을 정확히 설명해 둔다.

일루미나티에는 천상의 9성가대聖歌隊를 모방한 9성가대가 있다. 메이슨에는 9개의 성가대 중 3개의 위계만 있다.

신참자들은 9성가대의 한 위계에 들어가기 전에 이용도에 따라 4개의 수습위계로 나뉜다. 이때는 각자 비밀스러운 심벌을 인쇄한 서류를 받는 정도로, 그 속에 담긴 의미나 내용은 전혀 모른다. 다만 외부의 접근을 막기 위한 암호나 인식신호 정도는 알 수 있다. 나는 아메드 파샤의 도움을 받아 이 위계를 건너뛰었다.

신입회원은 메이슨에 입회한 사실, 집회장 주소, 집회에서의 일을 일절 발설하지 않겠다고 서약하고 이는 엄벌의 위협 아래 철저히 지켜진다. 신입회원의 연회비는 4백 프랑, 위계가 올라갈수록 백 프랑씩 늘어난다.

4개의 수습위계 위로 로지에 정식으로 가입하는 통로인 제5위계가 있는데, 신참자의 성품과 희생정신을 면밀히 조사한 뒤 문호를 개방한다. 그 위로 일반형제인 제6위계, 고위형제인 제7위계가 있다. 그들의 직책도 그다지 중요하지 않다.

제8위계는 제2 혹은 부副그랜드오리엔트로, '대사大事의 집행자' '재판관' '대도사大導師' '대신大臣' '서기관' 등으로 불리는 회원들로 대회의에 잠석할 수 있는 권한이 있다.

'보다 높은 지위의 비밀전수를 받은 자', 즉 그랜드오리엔트가 제9위계에 해당한다. 그들 중에는 특별한 세 명의 일루미나티가 있는데 그들의 동의 없이는 어떠한 아이디어나 제안도 실행에 옮길 수 없다. 마지막으로 이 원형 안에 용이 선택한 여인, '요정'이 더해진다. 바로 나다.

9성가대에서는 진짜 우두머리가 누군지 눈치채지 못하도록 비전자를 일반형제로 소개하거나 제2그랜드오리엔트를 제1그랜드오리엔트로 소개하기도 한다.

높은 계급의 모임이 있던 날, 로지의 내 자리는 공석으로 토가만 놓여 있었다. 모든 신참자들은 고무로 만든 에이프런을, 로지의 형제들은 에이프런과 토가를 착용하고 있었다. 가필드는 천장관람석의 먼 구석자리, 제6위계 형제들에게 가려진 모양새로 앉아있었다.

회합의 시작을 알리는 음악이 연주되고 이어서 신에게 맞서도록 인간을 홀리는, 그리스도교를 모방하고 애국주의를 흉내 낸 거짓찬가가 울려 퍼졌다.

관능적이고도 엄숙한 음률에 매료된 참석자들은 전쟁에 견줄 만한 도취에 빠져들었다. 그들의 눈과 얼굴이 점차 증오와 관능의 열기를 띠어갔다. 나도 영에 고무되어 온갖 숨겨진 감각을 체험했는데 참으로 공허한 소망이 되살아났다. 연주회는 1시간 넘게 계속되었다.

이날 저녁모임에는 3백 명의 회원 모두가 참석했다. 7인의 일루미나티 중 3인이 '심각하고 중요한 이유'라고 판단해 허락한 경우에만 불참이 가능했기 때문이다.

제2그랜드오리엔트가 의제를 제시하고 가톨릭교회와 정부에 침투할 새로운 방법들을 열거했다. 특별히 내가 대회의에서 비전자로 선출된 사실을 보고했다.

입회절차를 밟기 전에 나는 '유일신과 삼위일체를 믿는다'는 가톨릭 교리 일체를 다시 버려야 했다. 탈세례식도 다시 거행했다. 비적秘蹟과 예수 그리스도를 버리고 루치펠과 짐승을 받아들이고 나서야 마침내 원탁회의에 앉을 수 있었다.

뒤이어 7인의 로지형제가 나를 이처럼 높은 지위에 올린 용을 칭송하며 한 사람씩 연단으로 올라갔다. 그들의 얘기는 한결같이 지루하고 알맹이가 없었다.

내 차례가 되었으나 그들과 별반 다르지 않았다. 전수받은 비밀의 힘을 펼쳐보일 만한 장소가 아니었다. 나를 선출해준 의회에 감사하고 한 사람 한 사람에게 이익이 되도록 최선을 다하겠다고 약속했다. 끝으로 교회든 정부든 국왕이든 어떤 종교 옹호자든 메이슨의 적과는 맞서 싸우자고 부르짖었다.

   연설을 마치자 우레와 같은 박수가 쏟아졌다. 나는 제2그랜드오리엔트의 팔에 의지해 연단에서 내려왔다.

   지위가 낮은 형제들이 속속 자리를 뜨자 입구가 폐쇄되었다. 그랜드오리엔트, 일루미나티가 합의한 내용을 기억하기 위해 한 사람씩 흑판에 기록을 하고 있을 때였다. 난데없는 진동이 홀을 훑고 지나가더니 흑판에 '로지의 적에게 죽음을!'이라는 문구가 쓰여졌다. 모두가 두려움에 떨며 주위를 둘러보았다. 그러나 배신자를 처단할 만한 때도, 장소도 아니었다.

   여느 때처럼 난교파티가 새벽 4시까지 이어졌다. 공허한 밤이었다. 그렇지만 내가 주최하는 '학자모임'이 사교계에서 인기를 누리는 덕분에 부유하고 영향력 있는 몇몇 회원을 소개받는 성과도 있었다. 뜬눈으로 밤을 지샌 탓에 일루미나티의 새로운 음모에는 가담하지 못했다.

   다음날 아침 가필드가 찾아왔다. 그는 활기에 넘쳐 내가 맡게 될 새로운 임무를 장황하게 늘어놓았다. 새로 발족한 '학자모임'을 위해서 필요한 형제들도 소개하노라 자청하고 나섰다. 내게 꼭 필요한 존재로 보이려는 속셈이 분명했다.

  1880년 1월 첫째 목요일, 내 저택에서 '학자모임'을 위한 사교 파티를 열기로 했다. 다음해 선거에서 로지가 기대하는 문제들을 처리해야 하는 중요한 자리였다. 하지만 학문과 별 관련없는 내가 준비할 일은 그리 많지 않았다.

  가필드가 또다시 내 신경을 건드려 대립이 불가피하다는 생각이 들 무렵, 비스마르크에게 편지가 왔다. 베를린에서 다시 만나길 희망한다는 내용이었다.

  '우리의 모임을 모르는 빌헬름 1세의 허가를 받기 힘듭니다. 그래서 지금은 독일을 떠날 수 없습니다.'

  기쁨으로 피곤함도 잊을 정도였다. 하지만 여행을 떠나려면 금요집회에 꼬박 2주나 결석해야 하므로 비전자의 허락이 반드시 필요했다. 그들은 이제 나의 출석에 큰 비중을 두고 있었다. 무슨 수로 허락를 받아낼 것인가!

  가필드의 반대는 뻔했다. 나는 비전자들을 개별적으로 구슬리기로 마음먹었다. 가필드가 출석하지 못하는 때를 기다려 비전자들을 내 저택에서 열리는 만찬회에 초대했다. 그리고 나는 2~3주간 파리를 비우고 싶다고 강하게 호소했다. 그들은 그다지 호의적이지 않았으나 예의상 서절도 하시 못했다.

분위기에 편승하는 그레비가 제일 먼저 승낙했고 이어 두 사람이 그의 뒤를 따랐다. 이제 페리와 티랄, 티네를 납득시킬 일만 남아있었다.

그들에게는 부득이 가필드에게 밀회를 숨기고 싶다는 이야기를 꾸며댔다. 이 말은 먹혀들었다. 실제 보불전쟁1870~1871년을 이용해 비스마르크를 독일의 영웅으로 둔갑시켰던 그들은 비스마르크 편에 서서 가필드를 골려주는 일을 은근히 즐겼다. 더 이상 장애물은 없었다.

한술 더 떠 이제 페리가 도움을 자청하고 나섰다. 마침 아메드 파샤에게 세르비아1914년 6월 28일. 세르비아에서 오스트리아의 페르디난트 공이 암살당함를 주목하라는 지령을 받았던 그는 "이번 회합을 중단하고 세르비아에 함께 가자."고 티네에게 제안했다.

파샤는 세르비아가 유럽의 화약고가 되리라 이미 예측하고 있었지만 터키 내의 정치적 문제로 세르비아에 갈 여력이 없었다. 페리의 제안에 티네가 동의했다.

비전자들의 허가를 받은 나는 출발준비를 마친 뒤, 빈정거리는 말투로 가필드에게 메모를 남겼다.

'당신 사랑에 짓눌러버렸습니다. 젊은 시절은 화살처럼 지나

가지요. 수려한 이탈리아에 가볼 생각입니다. 그럼, 한 달 후에 만나요.'

　베를린에 도착한 나는 익명을 사용해 프랑스대사관에 들렀다. 도착을 알리자 비스마르크가 곧바로 메모를 보내왔다.

　'황제폐하가 의심하고 있어 지금은 당신을 만나러 가기 힘듭니다. 프랑스대사관은 이미 그대와 나의 마음을 알고 있습니다. 대사부인이 당신을 도와줄 것입니다. 내일 마차를 타고 대사관을 나와 크리스탈 궁전에서 열리는 무도회에 참석하십시오. 당신을 알아볼 수 있도록 가을용 드레스를 입고 왼손에 카멜리아 부케를 들도록.'
_{동백꽃}

　상상해 보라. 가짜 프랑스 귀부인이 프랑스의 그랜드오리엔트인 미국인을 실추시킨다니. 독일의 지배자 비스마르크와 결탁한 한 이탈리아 여자, 장소는 무도회장. 백작부인을 가장한 이 여인을 위해 프랑스 정부가 모든 준비를 마쳤다. 음모의 짜릿함이 바야흐로 정점을 향해 치닫고 있었다.

　대사부인의 도움을 받아 몸치장을 마친 나는 정확한 시간에 크리스탈 궁전에 도착했다. 곧장 분장실로 향해가던 중에 메피스토를 연상시키는 새빨간 옷차림의 사내를 만났다. 내 손에 들린 카멜리아 부케를 가져간 그는 "쿠텐 백작부인, 비스마르크."

라고 속삭였다. 그 사내는 호기심 많은 손님들을 피해 비스마르크가 예약한 특별 칸막이석으로 나를 안내했다.

기다리고 있던 비스마르크가 가필드를 고발하는 증거서류를 내게 건넸다. 가필드가 7월 로지 결의안을 위반한 내용들이었다. 가필드를 제거할 기회를 엿보던 비스마르크는 독일 외무성을 통해 정보를 입수해놓고도 모른 척 해왔던 것이다. 비열한 권력투쟁이었다.

그는 내가 해야 할 일도 지시했다. 특히 자신에게 보고하지 않은 일체의 행동을 자제하라고 당부했다. 또 가필드가 제거되면 나의 정치적, 개인적 활동을 적극 후원하겠노라 장담했다. 가필드의 추종자들이 나를 미워하고 해코지하려 들 테니 보호가 필요할 것이라는 경고도 잊지 않았다.

밀담이 끝나자 우리는 자리를 옮겨 기분전환을 했다. 새벽 2시에 프랑스대사관으로 돌아온 나는 고향인 이탈리아로 떠날 준비를 했다. 그곳에서 가필드에게 편지를 보내 이탈리아에 온 사실을 증명하기 위해서였다.

24시간 뒤, 나는 새벽 2시에 출발하는 야간열차에 몸을 실었다. 라인강 상류를 빠져나와 스위스에서 4일, 로잔느에서 하루를 보내고 베니스로 향했다. 그곳에서 지내는 4일 동안 가필드에게 편지를 썼다.

파리를 출발한 지 3주만에 나는 다시 파리로 돌아왔다.

어느 날 오후 5시경, 짐승의 영이 예고도 없이 나타나 "배신자!"라고 외치고 자취를 감추었다. 이끌리듯 창문으로 가보니 저택의 현관을 뚫어져라 응시하는 한 남자가 보였다.

'로지에서 파견한 스파이일까?'

문득 머리를 스치는 것이 있었다.

'가필드가 비스마르크에게서 증거서류를 받은 사실을 알고 이 집에 숨겼으리라 생각한 것은 아닐까?'

한동안 창 너머를 내다보며 망설이고 있는데 멀리서 저택을 향해 다가오는 가필드의 마차가 보였다. 나는 아무렇게나 보관하고 있던 몇 가지 서류를 황급히 불태우고 재를 말끔히 처리했다. 거실로 달려가 서랍에 숨겨두었던 권총에 탄환을 장전하자마자 집사가 가필드의 도착을 알렸다. 위기일발의 순간이었다.

벌개진 얼굴로 씩씩대며 들어오는 가필드를 나는 의자에 앉은 채 미소로 맞았다. 그가 소리쳤다.

"지금 당장 열쇠를 내놔!"

옷장과 책상열쇠를 말하는 것이었다. 그의 모욕에 화가 나 고함을 쳤다.

"내가 당신의 노예인가요! 이 집의 주인은 나예요!"

그리고 입구를 가리키며 나가달라는 시늉을 했다. 분노에 차서 그가 덤벼들자 겨냥도 하지 않고 권총의 방아쇠를 당겼다. 총알은 난로 위의 큰 거울을 관통했다. 총소리에 놀란 하인들이 일제히 거실로 뛰어들어왔다.

"걱정하지 말아요. 장난삼아 가지고 놀다 발사된 거니까."

가필드의 노기가 수그러들지 않았기 때문에 여전히 권총을 단단히 움켜쥔 채 말했다.

"열쇠를 내놓지 않는 이유가 뭐지? 뻔하지! 베를린에서 비스마르크에게 넘겨받은 서류를 감출 속셈이잖아. 나를 매장할 심산이지."

'짐승이 내 계획을 폭로한 걸까?'

"오토 비스마르크가 당신의 적이든 아니든 내 알 바 아니에요. 하지만 한 가지만은 확실해요. 그는 고귀한 분이에요. 그와 담판지을 일이 있다면 직접 교섭해보지 그래요. 대화를 피할 분은 아니니까. 그게 아니라면 당신의 명예는 그저 말뿐인가요. 이 겁쟁이!"

"내 인생은 나만의 것이 아냐! 국민의 것이기도 하지!"

"어머나, 거창하게 나오시는군요. 정말이지 잘난 분의 설교는 더 이상 듣고 싶지 않아요! 이 집에 서류가 있다고 하셨죠. 좋아요. 여기 열쇠가 있으니 직성이 풀릴 때까지 찾아보세요. 비웃으며 지켜봐 줄 테니. 당신에겐 이제 진절머리가 나요!"

분노에 떨던 그는 열쇠를 움켜쥐자마자 집안을 뒤지기 시작했다. 그동안 나는 태연한 척 잡지를 뒤적이며 의자에 앉아있었다. 서랍을 모조리 뒤집어 엎었지만 아무것도 찾아내지 못한 가필드가 투덜대며 돌아왔다.

"베를린에서 무슨 작당을 했지?"

상대가 이미 알고 있는 바에야 시치미를 떼도 소용없었다.

"양키보다 독일인이 더 용감한가 봐요. 비스마르크가 당신의 적이라면 내게도 적이 아닌가요?"

그는 내가 서류를 파리의 그랜드로지에 숨겼다고 생각하는 눈치였다.

"로지의 책상열쇠를 내놔!"

그는 온몸을 부들부들 떨며 화를 냈다.

"좋아요. 하지만 그렇게 한다면 나는 당신을 제명하겠어요. 잊지 말아요!"

그로부터 사흘 동안, 나는 가필드를 피해 프린스호텔에서 숨어 지냈다. 그리고 얼마 뒤, 열두 명의 고위 비전자를 내 저택으로 초대했다. 레옹 강베타Léon Gambetta, 세이Say, 페리Ferry, 그레비Grévy, 데랑상de Lanessan, 티네Thienet, 티랄Tirard, 프로이, 도크…원주: 판독불능, 폴 베르Paul Bert, 크레망소Clemencessan 등이다.

만찬장에서 나는 가필드의 음모를 뒷받침하는 각종 서류를 그들에게 넘겨주었다. 진작에 비스마르크에게 복사본으로 받아둔 것들이었다. 나는 가필드를 없애라는 용의 지령도 함께 전달했다.

그러나 그들이 어떻게 가필드를 재판하고 제거한단 말인가. 그들은 그랜드오리엔트보다 위계가 낮은 메이슨들이었다. 더구나 그는 저명인사였다.

'유럽에서 익명을 사용하고 있지만 다가올 미국 대통령 선거에 출마하면 전 세계가 그를 주목하지 않겠는가! 더구나 그가 미국 최고의 지위에 오른다면….'

무모하게 그를 제거했다가는 다른 회원들 사이에 추문이 퍼질 것이 뻔했다. 일찍이 유례가 없던 임무 앞에서 모두 두려움에 떨었다.

조르쥬 크레망소

그러나 충직한 메이슨이라면 영의 지령에 절대 복종해야 했다. 지금까지 어떤 비전자도 짐승에게 공공연히 맞서지 못했다. 그 힘을 너무나 잘 알고 있었기 때문이다.

예전에 짐승의 계획을 몰래 뒤집으려 한 아벨 슈미트라는 고위 비전자가 있었다. 권력을 잡은 그가 짐승의 힘을 자신의 힘으로 위장하려는 순간 짐승은 일격에 그를 쓰러뜨려 죽였다.

지금 짐승은 우리의 증오심을 부추겨 가필드를 쓰러뜨리라고 충동질하고 있었다.

우리는 먼저 파리에서 그를 몰아낼 계획을 세웠다. 가필드의 죽음을 좀 더 자유롭게 결정하기 위해서는 새 그랜드오리엔트를 맞이해야만 했다. 우리는 가필드가 파리 로지에 참석하기 어려운 상황을 만들기로 했다. 가필드가 출마한 대통령선거를 적극 지원해 그를 워싱턴에 잡아두기로 한 것이다.

로지는 가필드의 인기를 끌어올리는데 온 힘을 쏟았다. 전 세계 미디어에 가필드를 '정계의 거인' '큰 인물' '시대의 총아寵兒'로 칭송하는 문서를 흘려보냈다. 신문, 잡지, 전문지에서 저마다 가필드를 완전무결하고 성실한 미국인으로 하늘에 닿을 만큼 추켜세웠다.

이같은 뉴스 미디어 조작 덕분에 가필드는 선거 초반 전무에 가까웠던 인지도에서 불과 두세 달만에 모든 사람의 관심을 끌었다. 세뇌된 군중과 메이슨의 표 조작으로 가필드는 대통령선거에서 압승을 거두었다. 세계는 큰 기적을 기대하며 무능한 사내를 새 지도자로 뽑은 것이다. 1881년에 그는 우리의 바람대로 백악관에 입성했다.

 한편 로지는 1년 안에 가필드를 최고 자리에서 밀어낼 작전을 서서히 진행시켰다. 우리는 그를 심판대에 세우기 위해 배반자의 오명을 씌우기로 했다. 이유야 어찌되었든 가필드는 12개월이나 로지회의에 불참한 죄인이었다.
 당시 미국에도 메이슨의 로지는 있었다. 1776년 조지 워싱턴 대통령이 예수회에서 파문당한 아담 웨이샤우프트사탄을 알게 된 사람이라는 뜻와 더불어 최초의 미국 메이슨을 결성했다고 알려져 있다.
 하지만 악마를 숭배하는 일루미나티 집단은 없었다. 이전부터 파리 로지는 낮은 계급의 메이슨 중에 유복한 이가 많은 미국에 일루미나티 로지가 없다는 사실을 안타까워했다.
 지금이야말로 미국에 일루미나티를 결성해야 한다는 구실로 가필드를 몰아붙일 때였다. 가필드도 한때 미국 내에 일루미나티 로지를 결성할 생각을 품었으나 파리 로지에 일을 추진할 인재가 없어 포기한 적이 있었다.

사실 가필드가 파리 로지에 가담한 것은 미국에 일루미나티가 없었기 때문이었다. 권력에 눈 먼 가필드는 영혼을 팔아서라도 최고 권력을 쥐고 싶어했다.

그러나 파리의 그랜드로지에서 미국인인 가필드는 늘 이방인의 껄끄러운 기분을 맛봐야 했다. 베를린 그랜드로지는 독일인 비스마르크가, 오스만 그랜드로지는 터키인 아메드 파샤가 총재였다. 그런 형편에 가필드가 파리 그랜드로지의 총재자리를 언제까지고 차지할 수는 없는 노릇이었다.

가필드를 성공적으로 제거하기 위해 나는 공모자들에게 빠른 시일 안에 영에게 신탁을 받겠다고 약속했다. 하지만 나는 결단을 내리지 못하고 그 약속을 차일피일 미루었다.

'밤의 요정'이 되기 전에 나는 날마다 영과 접촉하기를 간절히 원했다. 그러나 성령의 여인이 되어 전권을 휘두르게 되면서 이상할 정도로 짐승에게 반감이 일었다. 내가 품고 있는 이 혐오감을 눈치챈 용이 공격하지 않을까 걱정이 될 정도였다. 짐승의 호의에 응석부리는 걸까, 아니면 용을 부르는 길고 굴욕적인 주문에 신물이 난 걸까.

필시 나를 구속하는 주인의 존재를 참기 힘들었을 것이다. 나는 사실 예전의 다니엘이나 지금의 가필드처럼 용도 내게 복종하길 원했다. 그런 저런 이유로 용과 대화가 점차 줄어들고 있었다.

목요일 오후 7시경, 결심을 굳히고 나는 로지로 들어갔다. 설탕물 외에는 어떤 것도 입에 대지 않고 온몸이 땀에 젖어 몇 번이나 속옷을 갈아입으며 틀어박혀 있었지만 성령은 묵묵부답, 나타날 조짐이 없었다.

금요일 오후 11시 반이 지나자 마침내 용이 섬뜩한 아름다움을 지닌 암흑의 천사로 모습을 드러냈다. 그런데 용이 하는 말을 거의 알아들을 수 없었고 영감도 깃들여 있지 않았다. 용은 괴로운 표정으로 뜻 모를 말만 신음하듯 토해냈다.

"인류에게 염증을 느낀다. 내게 충성해야 할 메이슨조차 나에게 이기적으로 군다. 그들의 주인이며 모든 것을 준 바로 내게 말이다. 탐욕과 천한 열정을 지닌 그들은 충성심과 감사의 마음을 표할 줄도 모른다. 이처럼 저능하며 의존적인 지구인이 어떻게 내게 충성할 수 있겠는가! 그들은 죽어 마땅하다."

암흑의 천사는 심판 날에 그들을 고발할 것처럼 말했다.

"그들의 본성은 음모, 그들의 목적은 제어할 수 없는 쾌락, 그들은 로지의 성스러운 율법조차 더럽히고 있다."

용은 인류와 이 세대를 향한 증오심마저 드러냈다. 특히 '빛의 자녀들, 일루미나티'에 대해 크게 낙담한 듯 보였다. 용은 비관적인 신음만 46시간이나 토해냈을 뿐 가필드를 제거하는 일은 한마디도 언급하지 않았다.

그러다 불현듯 나는 용이 에둘러 말하고 있음을 감지했다.

"그 일은 반드시 실행해야 한다! 네가 원한다면 내가 본보기를 보여주겠다. 필요한 수단을 네게 다 주겠다. 그자는 죽어 마땅하다!"

파리 로지 최고의 인물에서 미국 최고의 권력자가 된, 한때는 자신의 마음에 그토록 흡족했던 한 사내를 버린다고 해서 용이 크게 괴로워하지 않을 것임을 나는 알아차렸다.

가필드는 야심가였다. 파리 로지 일루미나티의 어느 누구도 그만큼 논리적으로 일을 처리하지 못했고 그에 따른 위엄도 갖추지 못했다. 가필드는 뛰어난 재주를 발휘해 거물급 인사들을 메이슨으로 끌어들여 끝없는 나락으로 밀어넣었다. 비스마르크 정도가 그와 어깨를 견줄만 했지만 독일인이 파리 로지에 들어올 수는 없는 노릇이었다.

용은 가필드의 제거가 훗날 어떤 결과를 초래할 지 예측하지 못한 듯했다. 하긴 파리 로지에 당장 가필드만큼 역량있고 그토록 진지한 열정을 가진 자가 없다 하더라도 한 영혼을 지옥에 처박는 일만큼 용에게 기쁜 일은 없을 터였다.

사실 지적이고 신뢰할 만한 사내라 하더라도 가련한 인간의 표본에 지나지 않았다. 그들은 수없이 영의 계획을 방해하고 뒤집었다. 또한 로지의 모든 활동이 영의 인도 하에 여러 나라로 확대되었음에도 선두에는 어중이떠중이들의 모습만 보였다. 나는 복수를 다짐하며 흥분했다.

'내게 굴욕감을 준 가필드는 반드시 벌을 받을 것이다.'

용은 간혹 변덕을 부리면서 이해하기 힘든 말을 계속했다.

"나는 알고 있다. 본성을 거슬러 행동하는 인간은 없음을. 나는 이 불안정하고 나약한 영혼들을 몇 번이나 높이 끌어올렸다. 그러나 그들은 이제 스스로 신이 되고자 욕심을 부리고, 나를 왕좌에서 밀어내기 위해 내게 받은 것을 이용하고 있다. 나약하고 불쾌한 이 기생충들이 내 제국을 지배하고 싶어한다. 그러나 나는 알고 있다. 야심과 뿌리 깊은 증오에 가득찬 이 자들은 나의 거울이다. 그자들을 죽일 때조차 이마 위에 찍힌 나의 낙인을 본다!"

용은 절망하여 절규했다.

"오, 갈릴리 사람이여, 갈릴리 남자여_{예수를 지칭한다}! 네게도

원수를 갚을 수 있기를!"

용의 탄식이 내 마음을 깊이 파고들었다. 그의 우울한 고백이 예수의 절대적인 힘을 향해 있음을 깨닫는 순간 가슴 속에서 뭔가 꿈틀대기 시작했다.

금요일 오후 정례회 전인 10시경에 용은 모습을 감추었다. 11시가 되자 강베타가 비스마르크의 편지를 들고 대기실로 찾아왔다. 비스마르크는 마지막까지 나를 격려해주었다.
'당신은 오늘밤 실수없이 연설할 것입니다. 감사하오.'
'어떻게 하면 좋을까.'
비전자들은 내게 중요한 메시지를 받기 위해 이미 모여 있었다. 그들 중 몇몇은 일이 순조롭게 풀리지 않는 듯하자 불만을 품고 험악해져 있었다. 예정된 시간이 지나 모두가 의아해 할 무렵, 어렵사리 마음을 정했다. 나는 로지에서만 회합을 열겠다는 표시로 전기벨을 세 번 눌렀다.

어떤 힘에 떠밀리듯 연단에 올랐다. 그러나 영감은 거기서 단절되어 버렸다. 난감해진 나는 가필드만 알고 있는 그리스어 사본을 인용해 말을 얼버무리며 시간을 벌었다. 그것은 가톨릭 사제가 라틴어 전례문을 읽는 것과 흡사했다.

돌연 정신이 확 들더니 입에서 유창한 말이 샘솟듯 흘러나왔다. 소위 초자연적 현상이 일어난 것이다. 참석자들은 "은혜 받은 자로다!" 하며 환호했다.

나는 로지 전체를 아우르는 선언을 하기 시작했다. 먼저 전 세계에서 펼쳐지는 로지의 부실한 활동을 지적하고 일반적인 견해를 피력했다. 미국 로지의 활동, 무수한 비밀결사를 비롯한 3백만 명의 낮은 위계 형제들에 대해서도 언급했다. 나조차 놀랄 만큼 정확한 거론이었다.

그런 뒤 각국의 그랜드로지로 화제를 돌렸다.

"지도자 없이 활동하는 낮은 위계의 프리메이슨을 위해 우리 일루미나티가 나설 때입니다. 우리는 미국에 최고 일루미나티 로지를 창설해야 합니다. 이는 전 세계에서 가장 막강한, 회원 수나 재정규모에서 최대의 로지가 될 것입니다. 지금까지 우리가 노력한 결정체가 되겠지요. 미국 로지를 우리의 일대거점으로 만듭시다!"

찬성의 소리가 우레와 같이 울려퍼졌다. 나는 대담한 일격으로 연설을 마쳤다.

"탁월한 남자만이 유례없는 이 계획을 실현할 수 있습니다. 미국 로지에 걸맞은 권위와 경험을 가진 분은 오직 한 분뿐입니다. 여러분이 이미 그 이름을 거론하고 있군요. 그래요, 가필드입니다. 가필드여! 성령은 그대가 뉴욕 일루미나티로지의 그랜드오리엔트가 되길 바라십니다!"

영은 그 증거로 입단식 때처럼 나를 천장까지 들어올렸다가 바닥에 안전하게 내려놓았다. 비전자들이 환성을 지르며 내게 모여들었다.

가필드도 동의하는 눈빛이었다. 미국에서 성공한 이래 그는 로지에서 더 강력한 영향력을 발휘할 꿈을 품고 있었다. 그의 안목으로, 미국에 그랜드로지를 창설하면 전 세계 로지로 영향력을 행사할 수 있다는 예측은 충분히 가능했다.

우리의 제안을 받아들여 그토록 막강한 미국의 그랜드오리엔트가 된다면 자신을 적대시하는 은밀한 세력으로부터 자신의 신변을 보호하고 심지어 우위에 서서 복수할 일도 계산에 넣었을 것이다.

물론 그는 파리를 떠나는 일을 슬퍼했다. 나와 불편한 관계인 채 이별해야 한다는 사실을 무엇보다 고통스러워했다. 그는 나에게 자주 편지를 쓰겠다고 약속했고 나도 그러겠다고 대답했다. 가필드는 미국 대통령 취임식에 참석하기 위해 서둘러 프랑스를 떠났다. 그때가 그를 본 마지막이었다.

얼마 후 루더포드 헤이즈가 퇴임하고 제임스 아브라함 가필드가 제20대 미국 대통령에 취임했다. 겉과 속이 다른 파리 로지는 가필드에 대한 복수의 칼날을 숨기고 축전을 보냈다. 여론은 이 남자에게 밝은 미래를 약속할 만한 정책을 기대하라고 미국시민을 오도했다.

한편 파리 로지에서는 그레비가 가필드의 뒤를 이어 그랜드오리엔트가 되었다. 그러나 불행히도 그는 그랜드오리엔트의 재능까지는 이어받지 못했다.

그레비의 나약한 지도력 탓에 일루미나티 곳곳에서 분열의 조짐이 나타나기 시작하더니 마침내 1881년 선거에서 로지의 일반형제들이 로지를 지배하기에 이르렀다. 이후로 일루미나티의 권위는 사정없이 무너져내렸다.

자신이 떠난 파리 로지가 붕괴되는 것을 보고 희색이 만면해진 가필드는 우리의 무력함을 쾌씸할 정도로 비웃는 편지를 내게 보내왔다. 문장의 한 행 한 행에 숨어있는 조소가 내 가슴을 아프게 후벼팠다. 내가 파리 로지의 파멸을 부추긴 장본인이니 그 책임을 져야 한다고 꼬집었다. 그런 나를 동정하지는 않지만 사랑한다는 말을 잊지 않고 덧붙였다.

나는 가필드의 사진을 넣어 목에 걸고 다니던 로켓locket. 사진

따위를 넣어 쇠줄을 달아 목에 거는 장신구을 내던져 부수고 발로 짓밟았다. 그리고 나서 편지를 미끼로 가필드를 고발하기 위해 분연히 일어섰다.

나는 그레비와 다른 비전자들이 살고 있던 빌드블레를 찾아가 가필드의 편지를 보여주었다. 그레비가 자신의 선출을 비웃는 부분을 읽을 때, 편지를 든 그의 손이 분노로 떨리는 것을 나는 놓치지 않았다. 가필드가 그레비를 허약하고 겁이 많으며 로지를 망친 자라고 비웃는 부분에서는 나도 그레비를 경멸하는 눈빛으로 쏘아보았다.

내 태도를 눈치챈 그레비는 행동을 망설였다가는 자신이 처벌받을지도 모른다는 위기감마저 느꼈을 것이다. 그는 편지를 천천히 되풀이해서 읽더니 내게 돌려주며 내뱉었다.

"이 자를 끝장냅시다. 이 작자는 너무 오래 살았어!"

그로부터 두세 달 후인 1881년 7월 2일, 미국의 새 대통령 가필드는 워싱턴시 발티모어 포토맥역에서 프랑스인 샤를르 기토가 쏜 두 발의 총탄을 맞았다. 기토는 도망칠 기색조차 보이지 않고 그 자리에서 체포되었다. 하지만 그는 이 수수께끼 같은 총격 이유를 한마디도 하지 않았다.

저격당한 후, 순조롭게 회복중이던 강인한 남자 가필드는 3개월 만에 결국 숨을 거두었다.

용을 향한 반역

　오래 지나지 않아 그토록 원하던 가필드의 죽음을 서둘러 기뻐했다는 사실이 하나 둘 드러나기 시작했다. 새로운 그랜드오리엔트, 그레비 때문이었다.

　가필드 제거 후 파리 로지는 그레비를 새 그랜드오리엔트로 맞아들였으나 그는 우리가 탄 배를 조종하기에 턱없이 부족한 인물이었다. 그의 부족한 지도력 탓에 나는 배가 가야할 목적지도 몰랐고 그렇다고 배를 인도해줄 신탁도 기대하기 힘든 퓨티아그리스 신화에 등장하는 델포이의 무녀 같았다.

　나는 그레비의 속내를 꿰뚫어보는데 늘 실패했다. 그의 참모습을 찾기 위한 노력은 번번이 헛수고로 밝혀지곤 했다.

1871년 이래, 뇌물과 표 매수로 프랑스 의회에 들어와 전 임기를 지낸 그레비는 1879년 마크마옹이 실각하자 프랑스 대통령이 되었다. 결코 인품과 능력이 뛰어나서가 아니었다. 지도적인 위치에서 실무를 경험한 덕분이었다.

인품으로 따지자면 그레비는 타르티프와 조셉 프리돔_{모두 매국노}을 보태놓은 것 같았다. 그는 무엇보다 이중적이었다. 조그만 질책에도 분을 참지 못했고 육욕적이며 권력에 굶주려 있었다.

더구나 우유부단하고 나태한 이 남자는 솔선하는 법이 없었다. 그 비열한 인간은 다른 사람의 의중을 파악하기 전에 결코 자신의 의견을 입밖으로 내지 않았다. 또 다른 사람의 비난을 피하기 위해 제아무리 사소한 규칙도 철저히 지켰다. 겉으로는 빈틈없는 척했지만 사소한 협박이나 위험에도 벌벌 떨고 요리조리 빠져나갔다.

내가 가필드의 편지를 들고 찾아간 그날까지 그레비는 가필드에게 등을 돌려 나를 지지하는 일에 몸을 사렸다.

그러나 그는 자신을 거북하게 만드는 정치가를 몰아내는 술수는 충분히 터득하고 있었다. 몇 명의 적을 매수하고, 그것도 통하지 않을 때는 더러운 수법으로 입을 틀어막았다.

강베타1838-1882. 프랑스 정치가는 가장 잘 알려진 그의 희생자였다. 1881년 강베타가 '웅장한 소리를 지닌 민중의 보호자'라는 칭송을 받으며 수상이 되자 그레비는 분통을 터트렸다. 그는 온갖 수단을 동원해 강베타를 중상모략했다. 웅변가인 강베타를 선동자로 매도해 제거해야 한다고 끊임없이 로지를 부추겨 결국 비전자들의 동의를 얻어냈다.

강베타는 요염한 보헤미안 아가씨와 사랑에 빠졌고 그레비가 고용한 공작원의 지령을 따르던 그 아가씨는 강베타를 유인한 뒤 1882년 12월 31일 암살했다.

그레비가 비전자 대열에 낄 수 있었던 이유는 오직 영이 원했기 때문이었다. 비전자 지위를 열망했던 그는 용에게 영혼을 팔았다. 일루미나티들은 그저 경멸의 눈길을 보낼 뿐 누구도 그레비를 승인하지 않았다.

앞서도 말했지만 일루미나티는 개인적인 비밀을 허용하지 않았다. 그레비가 한 달에 한 번 관저를 빠져나가 말리 쉴 세느 별장에서 지내자, 로지는 이를 수상히 여기고 스파이를 보내 뒤를 캤다.

비전자인 페리가 매수한 별장의 요리사가 양념을 찾는 척 저택 안을 뒤지다 일곱 머리 용의 사진을 발견했다. 그레비가 이곳에서 용을 불러냈다는 간접적인 증거였다. 용은 원형신전 안에서만 불러내야 한다는 로지의 법을 어긴 것이었다.

그 후 그레비가 폰텐블로나 기타 다른 장소에서도 같은 짓을 했다는 사실이 밝혀졌다. 용은 그랜드오리엔트의 자리를 고수하기 위해 자신을 이용한 그레비를 죽이겠다고 약속했다.

가필드로 인해 상처 입은 로지는 그레비로 인해 상처가 더욱 깊어갔다. 로지는 이제 욕망을 채우는 도구로 전락해 용조차 이 타락한 자들에게 혐오감을 느낄 정도였다. 신참자들까지 부정을 저질렀다.

보다 고귀한 비전자들 사이에서 점차 가필드의 암살을 후회하는 목소리가 나오기 시작했다. 내가 암살의 주동자임을 알게 된 그들은 여 예언자가 열성적이고 지적인 남성만 있어야 될 자리에 끼어들어 로지를 타락시켰다고 개탄했다.

그들은 파리 로지 내에 별도의 로지를 조직해 내게 대적할 계획을 세웠다. 그리고 내게는 로지의 모든 형제와 신참자들 앞에서 가필드 암살에 관한 진상을 고백하라고 압

레옹 강베타

력을 가했다.

　대회의에서 차마 나와 직접 맞설 수 없었던 그들은 자신들의 얼굴을 알아볼 수 없는 방법을 궁리해냈다. 그것은 아메드 파샤의 오렌지 로지에서 열리는 가면회의와 유사했다. 파리에서는 이같은 선례가 한번도 없었던 만큼 그들로서는 대담한 시도였다. 비밀주의에 일가견이 있던 티네가 짜낸 묘안이었다.

　나를 곤경에 빠뜨리려는 그들을 지켜만 보지 않았다. 그들이 화요일에 대회의를 소집해 가면회의를 결의하려고 하자, 나는 그날 일찌감치 로지에 나가 방해공작을 펼쳤다. 대회의장을 폐쇄하고 공지문을 써붙였다.

　'주의. 파티 관계로 폐쇄. 오늘 밤 11시에 남녀 댄스파티를 개최합니다.'

　비전자들의 권위에 맞서는 이런 대담한 처사에 특히 티네가 발끈했다. 그러나 대부분은 내 즉흥적인 생각에 반하여 용의 비위를 거스르기보다 웃어넘기는 쪽을 택했다. 그런 까닭에 티네를 포함한 그 누구도 굳이 초대를 거절하지는 않았다.

　나는 누구나 즐길 수 있도록 파티에 세심한 배려를 기울였다. 그리고 모두가 춤을 추고 있을 때 내일 로지에서 놀라운 소식을 전하겠다고 밝혔다.

밤이 끝나갈 무렵, 내 몇 안되는 친구 테셀이 세제가 홀에 들어왔다고 귓속말로 알려주었다. 내가 아리아를 부르기 시작하자 원한을 품고 있던 세제가 옆에 있던 페리에게 속삭였다.

"가필드를 죽인 살인광이 노래하고 있군. 저 계집은 자기가 저지른 비열한 행위를 어떻게 생각할까?"

그 말을 엿들은 테셀이 "그 오만한 생각을 박살내주마!"라고 소리치며 그의 뺨을 때렸다. 그것은 분명 결투신청이었다. 맞받아칠 자세를 취하던 세제가 이내 도전을 받아들였다. 둘은 홀을 빠져 나갔다.

최악의 사태를 막기 위해 황급히 그들의 뒤를 쫓았지만 두 사람의 흔적은 찾을 길이 없었다. 나는 그들을 중재해달라고 용에게 애원했다. 하지만 용은 죽음을 원했다. 그날 밤 결투에서 테셀이 목숨을 잃었다.

나는 세제에게 복수했다. 넉 달간이나 지하감옥에 감금해놓고 온갖 고문과 굶주림으로 고통받게 했다. 성 금요일에는 높은 위계인 그에게 낮은 위계 형제들 앞에서 바보연기를 시켜 최대의 굴욕감을 주었다. 그러나 내 마음은 더욱더 황폐해져 갈 뿐이었다.

나는 특별집회에서조차 영과 교신하지 못했고 비열하게 가필드를 비난하는 말만 지루할 정도로 되풀이했다. 이번에는 가필드의 절친한 친구였던 티네의 화를 돋우었다. 그가 마침내 분개하여 일어섰다.

"당신은 점점 더 로지의 뜻을 거스르고 있소. 자신에게 없는 권리마저 행사하고 있어. 영이 신탁을 내린 것처럼 우리를 속여 자신의 변덕스러운 생각을 강요하고 있소. 그대는 죽은 자조차 우롱할 셈인가, 가필드는 당신에게 지금의 지위를 주고 하나에서 열까지 돌보아 준 사람이 아닌가. 더 이상 비방은 집어치우고 연단에서 내려오시오. 지금까지 꾹 참았어, 이제 충분해. 그곳에서 내려오란 말이오!"

사태는 아주 심각했다. 티네는 '제9원형'의 우두머리였다. 그는 로지 최고 위계인 삼인三人의 일루미나티 중에서도 최고였으며 주술방면에서는 견줄 자가 없는 전문가였다. 게다가 그는 누구보다 나를 잘 알고 있었다. 자신이 반발하면 내가 입을 다물 거라 계산했을 것이다.

그런데 그의 의도는 여지없이 빗나갔다. 그 순간을 기다리고 있었던 것일까? 영이 내 안에 극렬한 충동을 불러일으켰다. 영에게 지배당한 나는 청중을 향해 타오르는 눈빛과 우레와 같은 목소리로 일갈했다.

"친구여, 내가 이런 모욕을 당할 이유가 어디 있습니까! 내가 한순간이라도 로지의 이익을 소홀히 한 증거를 대체 누가 제시할 수 있나요. 그런 사람이 있다면 당장 내 가슴을 찌르세요! 모든 사람이 배신자 가필드가 제멋대로 설치도록 내버려두었을 때 나는 사적인 감정을 억누르고 앞장서서 고발했습니다. 왜 이제 다시 문제 삼는 건가요.

로지의 간행물에 어떻게 기록되어 있나요. '흠잡을 데 없는 자'라고 일컬어지던 사내가 1871년 나폴레옹 2세로부터 뇌물을 받고 제국에 가세했다고 적혀 있지 않았던가요. 이 어리석은 배신행위는 세단에서 저지된 바 있었지요."

이어 티네를 향해 입을 열었다.

"나폴레옹 보나파르트 3세가 패배했을 때, 영은 그 카르보나리당원의 죽음을 원했습니다. 그럼에도 그자는 이탈리아로 망명했습니다. 도대체 누가 도왔을까요?"

덧붙여 이렇게 질문했다.

"비스마르크, 아메드 파샤, 넬리, 세오리드가 가필드의 죽음을 촉구했을 때에도 가필드를 돕는 자가 있었습니다. 도대체 누구란 말입니까?"

나는 박해자를 꾸짖었다.

"나를 의심하고 그를 지지하는 자가 있다면 지금 일어나서 용이 들을 수 있도록 생각을 밝혀주세요."

그들의 말은 낱낱이 기록에 남을 것이다. 그러면 용은 이렇게 말할 것이 틀림없다.

"그랜드로지의 모든 적에게 죽음을."

청중들은 창백해져 모두 고개를 떨구었다. 내 말은 그들이 잊고 싶었던 기억마저 상기시켰다. 티네는 형제들의 차가운 시선을 의식하고 입을 다물었다. 항의할 생각을 접은 그의 어깨가 축 늘어졌다.

그렇지만 나는 안심할 수 없었다. 그들은 쉽게 변심하는 그레비를 앞세워 단념하지 않을 것이 뻔했다. 나는 내 생각과 감정에 따라 홀로 싸워야 했다.

나는 진정 의지할 사람이 없었다. 이 상황에서 나를 구해줄 유일한 인물인 비스마르크는 가필드 제거라는 목표가 달성되자 내 존재마저 까마득히 잊은 듯 보였다.

아니 이번에는 나를 쓰러뜨릴 기회를 엿보는지 모를 일이었다. 나는 한낱 여자로서 지나치게 많은 것을 알고 있을 뿐 아니라 그가 암살 주모자라는 사실을 유일하게 알고 있었다.

일찍이 비스마르크는 페이바라는 남자에게 이렇게 말한 적이 있었다.

"자네는 지나치게 명석해. 그리고 나를 너무 알려고 들어. 훗날 모든 걸 망칠 생각이겠지. 자네에겐 더 이상 용건이 없네."

그랬다. 비스마르크는 내가 어리석다고 판단했기 때문에 일을 시킨 것이었다.

로지규약에 따르면 나는 의회에 관여할 수도 어떤 권력도 행사할 수 없었다. 나를 박해하는 자들은 이 규정을 이용했다. 그들은 이제부터는 어떤 경우에도 내 의지를 끼워넣지 말고 용을 불러내는 무녀의 역할만 하라고 요구했다.

그리고 너나없이 용이 순간적인 기분에 스파이로 써먹은 '달리아'가 지금 '퓌티아아폴로신전의 무녀'가 되어 그들 모두를 잘못된 길로 인도한다고 비난을 퍼부었다.

비전자들은 형제들 사이에서 이런 화제가 빈번하게 오르내리자 크게 반색하는 눈치였다. 그러나 모두 나에게 거만하게 굴 뿐 굳이 맞서려들지는 않았다. 나는 그들의 허점을 찌르겠다고 다짐했다.

히스테리를 일으킬 정도로 과민해진 나는 몇몇 성가신 일을 처리하다가 결국 폭발해버렸다. 대회의장에서 모임이 있던 날, 의장인 랄로와이엘이 내게 연설을 해달라고 정중히 요청했다. 물론 그는 칭찬을 기대했을 것이다.

연단에 올라선 나는 느닷없이 버럭 화를 내며 회원들을 질책하기 시작했다. 고관들의 태만을 지적하고 위계를 불문하고 죄인의 이름을 폭로하겠다고 으름장을 놓았다. 모두 공포에 질려 입을 다물었다. 영에게 고발될 일이 두려웠던 것이다.

그런데 단 한 사람, 화가인 세르는 동요하지 않았다. 그는 강한 어조로 나를 나무라며 연단에서 내려오라고 소리쳤다. 내가 거절하자 그는 불같이 화를 냈다.

"언제까지 이 여자에게 휘둘릴 셈이오. 당신은 벌도 받지 않고 언제까지 우리를 우롱할 수 있다고 생각하나? 칼의 힘으로 그대의 눈을 뜨게 해주지!"

나는 패배한 척하며 연단에서 내려왔다.

이튿날 아침, 나는 세르에게 심복인 페리와 랑상을 보내 결투를 신청했다. 펜싱에 서툴렀지만 영의 도움을 계산에 넣었다. 장소는 스위스 베른, 무기는 진짜 칼을 사용하기로 했다.

승부는 싱겁게 끝났다. 상대의 가슴을 가볍게 찔렀을 뿐인데 세르는 단번에 쓰러져 의식을 잃었다. 가벼워 보였던 그의 상처는 몇 번씩 다시 터져 가슴속까지 파고 들었다. 그로부터 14일 후, 세르는 피를 토하며 죽어갔다.

그랜드오리엔트는 내게 징계를 내려야 마땅했다. 하지만 그레비는 아무런 주의도 주지 않고 침묵했다. 아니나 다를까, 가필드의 옹호자들이 격분했고 로지의 공기는 갈수록 험악해졌다. 그 수가 한층 늘어난 나의 적들은 사방에서 비난을 퍼부었다. 내 최고 권력이 바야흐로 내리막길에 들어서고 있었다. 수행과 주술, 의례에도 경계신호가 나타났다.

한편 법과 전통의 파수꾼으로 로지를 이끌어야 했던 그레비는 오히려 대항세력들이 결속하지 못하도록 불화의 씨앗을 뿌리는 방법으로 일을 수습했다. 그가 상원을 통치하고 메이슨의 자매로지 전체를 장악했던 바로 그 수법이었다. 그는 둘만 있을 때는 같은 편인 척했지만, 적과 함께 있을 때는 여지없이 험담을 퍼부었다.

당시 그레비는 테이블 래핑교령술에 깊이 빠져있었는데 우리 모두는 어두운 방에 둘러앉아 죽은 사람의 영혼을 불러내는 그 모임에 참석해 자동서기로 전락하곤 했다.

어느 날 교령술에서 불러낸 일루미나티 자매의 혼이 자동서기를 통해 친오빠의 아이를 낳다가 죽었다는 무서운 얘기를 털어놓았다. 그녀의 오빠는 다른 사람의 눈을 피하기 위해 의사도 조산원도 불러주지 않았다고 했다.

이 사건으로 인해 일루미나티 형제들 간의 불신감은 더욱 팽

배해졌다. 각자 자신이 저질렀던 비슷한 행위를 떠올리며 폭로되지 않을까 두려워했기 때문이다.

이렇게 교령술에서 불러낸 희생자들의 혼은 로지에 입회하는 자를 위협하는 도구로도 이용되었다.

이 교령술에 맛들여 타락한 가톨릭 사제가 있었다. 마자티라는 인물로 대수도원장이었다. 어느 날 새벽 2시, 마자티가 검은 미사를 집전할 예정이었다. 우리는 루치펠의 권위를 높이기 위해 황금성배, 성수와 포도주병, 성반聖盤, 성체덮개, 성수병, 미사카드 그리고 성제의聖祭衣 등 가톨릭 성제에 필요한 물건들을 빠짐없이 갖추어두었다.

비전자들이 참석한 가운데 마자티는 성유물聖遺物을 넣어두는 진짜 가톨릭 성기聖器를 가톨릭 제단 위에 올려놓고 가톨릭 미사를 본뜬 검은 미사를 본격적으로 거행하기 시작했다.

호스티아를 담은 성체기를 축성한 이 악랄한 사제는 미사를 마친 다음 제의를 벗고 식탁에 앉아 호스티아를 모독하기 시작했다. 그는 식탁 위에 놓인 호스티아에 소스와 와인을 듬뿍 끼얹고는 나이프로 찔러댔다.

그 모습을 지켜보던 그레비가 그 위에 추잡한 그림을 그려넣었다. 다른 형제들도 그들을 따라 더러운 손으로 호스티아를 모독하고 남은 호스티아를 창부들에게 과자 대신 던져주었다. 심지어 티네는 호스티아를 고기와 섞어 개에게 던졌다.

  이러한 모독 행위는 성령, 즉 용을 대단히 만족시켰다. 그러자 교만해진 마자티는 어느덧 로지의 고관들보다 자신의 지위가 높다고 착각하게 되었다.

  그는 로지의 명령을 점차 무시하더니 언제부턴가 호출을 하지 않아도 로지에 나타나 비밀회합에 참석하기에 이르렀다. 또 사제만이 할 수 있는 온갖 사악한 종교행사를 고안하는 데에도 열을 올렸다.

  중요한 모임이 있던 날 저녁, 회합장소에 도착해보니 막 미사를 드리기 시작한 마자티가 눈에 띄었다. 격노한 그레비가 어떻게 로지에 들어왔는지 따져 물어도 마자티는 아무런 대답도 하지 않았다. 나가라는 그레비의 지시에도 아랑곳하지 않았다.

  나는 미사가 끝날 때까지 마자티가 제단에 머물 수 있도록 중재에 나섰다. 미사 시간 내내 우리는 마딜라 와인을 마시며 지켜보았다.

  느긋하게 미사를 거행하고 난 마자티는 제의를 벗으며 다음 성 금요일에 쓸 호스티아를 120개나 축성했다고 자랑스레 떠벌렸다. 그러고는 그레비를 향해 말했다.

"나는 성령의 명령으로 이곳에 있소. '은혜 받은 자이는 나를 가리키는 말이다'와 마찬가지로 성령 안에서, 성령을 통해 내가 옳다고 느끼는 것을 행할 뿐이요. 당신도 영에게 거역하지 못할 것이오."

마자티는 몇 시간씩 걸려 용을 불러내는 의례조차 무시하고 강력한 방법을 사용했다. '아버지, 아들, 성령'의 이름으로 용을 불러내는 새로운 방식이었다. 당하는 용은 분명 질색했겠지만 그래도 즉시 모습을 나타냈다. 일부 비전자들도 효과적이고 편리한 이 방법을 이미 사용하고 있었다.

1882년에 마자티는 결국 용의 힘을 남용한 죄로 3개월간 이탈리아로 추방당했다. 그 속에는 교황을 정탐할 목적도 담겨있었을 것이다. 그 무렵 나는 로지와 멀어지고 있었기 때문에 그가 어떤 정보를 입수했는지 알지 못한다.

로지 내의 타락은 날로 심각해져 갔다. 그런 가운데 나는 가필드가 파리에서 마지막 사업으로 펼쳤던 '학자모임'을 개최하는 일로 바쁜 나날을 보내고 있었다.

그곳에서 얻은 정보로 우리는 정적특히 국왕과 왕통파들에게 큰 타격을 입혔다. 개중에는 단두대에서 처형당한 동료들을 보고

양심의 가책을 느껴 우리에게 정보를 준 이들도 있었다.

당시 국왕과 왕통파메이슨은 왕통파에 맞서 공화파라는 명칭을 선택했다가 국민들에게 지지를 얻은 가장 큰 이유는 종교의 자유를 인정했기 때문이었다. 그러나 정부권력을 탈취한 메이슨은 종교의 자유는 물론 종교 자체를 금지했다.

나는 군주제를 지지하는 왕통파의 계획을 힘들이지 않고 알아냈다. '학자모임' 참석자 대부분은 내가 태생부터 훌륭한 백작부인이라고 믿었다.

높은 신분으로 태어난 사람들은 같은 환경에서 자라면 같은 신앙을 공유한다고 맹목적으로 확신했고, 또 동료로 인정하면 금방 자신의 속마음을 털어놓는 어리석고 단순한 무리들이었다. 그들은 중요한 계획을 안심하고 내게 털어놓았다.

영의 지시에 따라 나는 그들을 마음껏 이용했다. 내가 얼마나 많은 살인을 저질렀고 부를 빼앗았으며 결혼생활을 파탄냈는지 상상도 못할 것이다.

내가 주관하는 사교모임에서 프랑스의회 의장이던 한 고위 메이슨이 X씨 부인을 만났다. 나는 샤블 백작의 옛 친구인 X씨가 종교의 자유를 되찾기 위해 군주제를 부흥시키려 한다는 사실을 알아냈다. 그 집회는 X씨 집에서 열리고 있었다.

젊은 비전자 루로와는 로지에 X씨 무리를 위험분자로 보고했고, 로지는 그를 죽이라고 명령했다. 메이슨은 각종 정부 요직을 차지하고 앉아 그런 기습에 대비하고 있었다.

첫 단계로 우리는 X씨를 부인에게서 떼어놓기로 결정했다. 런던의 프랑스대사관에서 근무하던 X씨를 1년간 더 런던에 붙잡아두기 위해 갖가지 문제를 일으켰다. 그 사이 루로와가 X씨 부인을 능욕할 채비를 갖추었다.

두세 달 후, 임신한 X씨 부인이 망연자실해 내게 찾아왔다. 우리는 중절하라고 그녀를 설득하는 한편 추문을 퍼뜨렸다. X씨가 루로와와 결투를 벌일 결심을 굳힐 때까지 소문은 더욱 퍼져나갔다. 결국 X씨는 루로와에게 결투를 신청했고 용이 그를 죽음으로 몰아넣었다.

정부재판소는 루로와와 내통한 부인을 부정한 여인으로 낙인찍고, 로지 관련은행 주도하에 X씨 재산을 몰수하라는 판결을 내렸다. 이렇게 해서 로지는 힘들이지 않고 30만 프랑 이상을 손에 넣었다.

1881년 2월 18일, 그랜드오리엔트 총회가 파리에서 열렸다. 아프리카의 톰프슨, 미국과 동인도회사의 가스코니, 이탈리아의 넬리, 프랑스의 그레비, 터키의 아메드 파샤, 아시아의 세베이크 카딜, 러시아의 소코로프가 한 자리에 모였다.

여느 때와 마찬가지로 로마 가톨릭교회와 전 왕실을 근절하자는 연설로 회의가 시작되었다. 톰프슨은 고위 성직자를 매수해 로마 가톨릭교회를 무너뜨리는 구상을 밝혔다. 내가 예전에 속했던 교구의 주교를 배려해 실명을 밝히진 않겠다.

1881년 8, 9월의 국회의원선거, 그다음 해 1월 8일에 시작된 상원의 신체제는 공화파의 확연한 승리로 드러났다. 그럼에도 불구하고 일루미나티가 힘을 잃어가는 표징들이 여기저기서 나타나고 있었다.

우선 로지의 지원을 받은 상당수 정부관료 후보자들의 진출이 예전처럼 과반수를 넘지 못했는데 파리 로지가 출범한 이래 이런 정치적 역전극은 도저히 묵과할 수 없는 사건이었다. 그나마 충분한 수의 메이슨이 양원을 장악하고 있어 의회에 상정되는 법안을 마음대로 주무를 수 있었다.

또 새롭게 맞아들인 회원들은 개인적 야심을 채우기에 급급해 로지 내 위계가 불안정한 상태에 빠져들었다. 로지의 지원을 받지 못한 몇몇 회원들은 별개의 로지를 세우겠다고 협박하기조차 했다.

그 당시 가톨릭 사제나 주교가 한 명이라도 프리메이슨에 맞설 결의가 있었다면 프랑스 메이슨은 파멸의 길을 걸었을 것이다. 그랬다면 프랑스는 질서를 회복하고 국가안보도 튼튼하게 확립했을 것이다.

대의회도 끝이 보이지 않는 내부분열로 여기저기 구멍이 뚫렸다. 로지는 붕괴를 막기 위해 강력한 스파이망을 동원했지만 불신감만 조장하고 흐지부지되어 버렸다.

짐승에 복종하는 프리메이슨 고유의 정신마저 자취를 감추었다. 금요집회에 참석한 강연자들은 성령조차 까맣게 잊은 듯 사업과 돈벌이 얘기에 열을 올렸다. 영은 노여워했지만 변한 것은 아무것도 없었다. 저 추잡한 난교와 만찬만이 영원히 지속될 것 같았다.

로지의 재원은 정부의회 선거를 치르느라 바닥을 드러냈고, 혁명과 전쟁으로 인간의 정신을 조작하려는 메이슨의 계획은 군자금에 쪼들려 효력을 잃어갔다.

로지가 창설한 국제사회주의 노동당마저 로지의 무리한 요구를 견디지 못하고 비밀활동에 제동을 걸어왔다. 우리는 임무를 추진하기 위해 대부분 이름없는, 신용하기 힘든 공모자를 내세울 수밖에 없었다.

로지 내부의 이런저런 변화에도 불구하고 불복종하는 모든 국왕과 황제를 제거한다는 로지의 장기계획은 변함없이 실행되었다. 메이슨에 입회한 황제나 국왕은 별도로 취급하고 쓸모가 있는 한 살려둔다.

그런 이유로 러시아황제 알렉산드르 2세Aleksander II 1818-1881도 암살당했다. 공정하고 선량했던 이 짜르czar, 구 러시아황제를 지칭의 암살은 항상 그랬듯이 그레비, 아메드 파샤 등 그랜드오리엔트가 공모했다.

1881년 3월 13일 일요일, 알렉산드르 2세가 미사를 마치고 나올 때 공작원이 그의 발치에 폭탄을 던졌다. 대성당 앞에서 벌어진 이 잔혹한 폭탄세례로 황제는 온몸이 산산조각 났고 인근에 있던 수많은 사람들이 죽거나 부상을 당했다.

이 암살에 관련된 자들 대부분이 파리 그랜드로지의 명예회원이거나 정회원이었다고 나중에 디나무이코가 말해주었다.

알렉산드르 2세

그랜드마스터로 알려진 웨일스 황태자The Prince of Wales, 1902년 에드워드 7세로 국왕에 즉위는 독실한 신도라는 자신의 이미지를 훼손하려는 로지의 악질적인 계획을 우연히 알게 되었다. 당황한 파리 로지는 조직 내에서 황태자의 계급을 올려주어 입을 막거나, 안될 경우 암살하기로 결의했다.

1882년 1월 28일, 황태자가 황태자비를 동반하고 파리를 방문했을 때, 그레비는 '카드슈 기사'라는 위계와 함께 온갖 진기한 물건들로 황태자를 회유했다.

하지만 이미 '프린스 오브 웨일스'라는 고귀한 칭호를 갖고 있던 황태자는 이런 유명무실한 칭호에 무덤덤했다. 실제로 영국으로 돌아간 황태자는 로지를 섬기지 않았다. 그 후에 왕위에 오른 이 영국 황태자는 1910년 의문의 죽음을 당했다.

메이슨의 막강한 힘은 그들이 가진 막대한 부에서 비롯되었다. 로지는 매년 거액이 프랑스에서 독일로 흘러들어 가도록 조작했다. 그 자금으로 로지는 프랑스의 주식을 거저나 다름없는 가격으로 매수했다. 이 간파하기 힘든 로지의 술책으로 프랑스 주가는 날마다 널을 뛰었다.

한순간에 프랑스의 국내 자금은 바닥이 났고 곳곳에서 금융 파탄이 발생했다. 결국 세느강에는 자살하는 사람들로 매일 열구 정도의 시체가 떠올랐다.

이렇게 프랑스의 국력이 쇠퇴하는 동안 베를린의 힘은 하루가 다르게 막강해져갔다. 메이슨의 손아귀에 꼼짝없이 잡혀있던 독일정부는 어느덧 새로운 유럽합중국과 세계공화제범게르마니즘의 지도자로서의 위용을 갖추었다.

용이 직접 파리 로지 폐쇄를 선언할 정도로 프랑스 주식시장이 붕괴되자 로지도 계획을 변경했다. 일확천금을 노리던 티네는 자신의 계획을 연기하고 메이슨의 본래 목표인 세계 정복을 실행하자고 제의했다. 그는 낮은 위계 형제들을 모아놓고 새로운 정열을 불태웠다.

이제부터 내가 마지막으로 거뒀던 대성공을 밝히겠다. 허영심에 사로잡혀 있던 나는 용에게 파리 로지에서 전례가 없는 특별한 사건을 일으켜달라고 간절히 빌었다.

세 시간 후, 드물게 보는 영의 계시를 체험했다. 대리석상의 동체는 그대로인데, 일곱 개의 머리가 살아 움직이며 그 눈에서 불꽃이 피어올랐다.

잠시 후 짐승은 성삼위일체와 동일체를 이루려는 듯 세 부위로 나뉘기 시작했는데 첫 번째 분신은 반역의 힘여기서는 예수를 지칭에서 인간을 해방시키기 위해 내 정신에 완전히 빙의했고, 두 번째는 내 감정에 빙의해 온갖 사악한 권력욕을 불러일으켰으며, 그리고 세 번째는 내 신체를 빼앗고 정욕을 불러일으켜 저항할 수 없게 만들었다.

　이 상태서 나는 내 존재마저 완전히 망각했다. 초월적인 현상이 일어나기를 빌었던 일조차 기억하지 못했다. 생명력을 송두리째 잃어버린 것일까, 감각마저 사라져 꼼짝도 할 수 없었다. 공포에 질려 소리쳤지만 로지에는 나 혼자뿐이었다. 나는 경련을 일으키며 바닥을 힘없이 뒹굴었다.

　"가라, 내가 너를 통해 말하리라. 네 몸은 나의 것이다."

　악령은 이런 말을 남기고 내 몸을 떠났다.

　티네에게 이 강렬한 짐승과의 체험을 털어놓았다. 그리고 나를 통해 말하겠다는 영의 약속을 믿고 나는 전체 조직원 앞에서 기적을 일으키겠다고 마음먹었다.

　3인의 그랜드오리엔트인 아메드 파샤, 가스코니, 그레비에게 허가를 받느라 한 달이 지체되었지만 어쨌든 그토록 고대하던 사각로지에 모이는 날이 찾아왔다.

　나는 폭이 넓은 튜닉을 걸치고 얼굴을 알아보지 못할 정도로 진하게 화장을 했다. 대회장에 들어서는 순간 동물원에라도 잠입하는 기분이 들었다.

　참석자들은 말, 곰, 가젤, 원숭이 등의 가면 뒤에 숨어서 동물적 본능을 드러내고 있었다. 아니 그들은 숫제 자제심을 풀어놓은 본능의 노예처럼 보였다.

이윽고 주문이 시작되었다. 내 눈앞에 보이는 짐승이 다른 참석자들 눈에는 보이지 않는 것 같았다. 짐승은 내 머리를 쓰다듬으며 말했다.

"내가 너를 지도하겠다. 너는 나의 정의와 진리를 그들에게 알려라."

짐승은 들릴 듯 말 듯한 웃음소리를 내며 사라졌다.

총 13명의 회원이 제각각 수도회 말살을 주장하는 연설을 시작했다.

"수도원은 쉽게 믿어버리는 우매한 자들의 후원으로 겨우 먹고 사는 사악한 요괴와 부랑자의 집합소이다. 수도원이 소유한 거액의 재산은 민중과 빈곤자에게 나눠줘야 마땅하다. 수도원이 운영하는 학교는 무지몽매한 교육으로 아이들의 성격을 버려놓았다."

"가톨릭교회가 산업발전을 저해한다. 그들이 낮은 임금으로 청소년들을 고용해 초콜릿공장이나 와인공장을 경영하기 때문에 다른 공장노동자의 임금을 낮추는 결과를 초래했다."

"프로테스탄트와 자유사상가인 일반서민들은 뉴스의 헤드라인이나 싸구려 책을 보고도 쉽게 흥분한다. 정부의 일부 고위관료들이 발칙하게 군주제를 남용한 사실을 안다면 그들은 틀림없이 반기를 들고 일어날 것이다."

누누히 들어왔던 진부한 얘기를 질리지도 않고 되풀이했다.

마지막이 내 차례였다. 이런 회의에서 여성의 연설은 처음있는 일이었다. 그러나 진부한 연설이 계속되던 터라 연설에 대한 청중의 관심은 반감되어 있었다.

자칭 성령은 지금까지 내가 말했던 것 중에서 가장 조심스러운 얘기라고 주지시켰다. 그것은 레오 다크쉴이 쓴 〈교황 레오 9세의 애인〉이라는 책에서 인용한 내용이었다.

교황의 시종 국무대신 다음 지위인 바티칸은행 총재에게 소재를 얻었다고 밝힌 저자는 바티칸을 부도덕이 만연한 세계적 음모의 소굴로 비난하고, 선한 사람인 척하지 않는 메이슨을 정당한 집단으로 묘사했다. 청중은 갈채를 보냈다.

두 번째 연설은 수도원이 쾌락주의자들의 소굴임을 입증하려는 내용이었다. 수도자들은 민중의 목소리를 대변하는 메이슨과 공화파의 일을 훼방놓는 가장 위험한 몽상가들이므로 로마 가톨릭과는 어떠한 타협이나 평화도 있을 수 없다고 목소리를 높혔다.

마지막으로 이탈리아의 배신자에게 화제를 돌렸다. 오랜 세월 메이슨의 영웅이었던 빅토리오 엠마누엘레 2세에 관한 이야기였다.

"1870년 로마의 국왕이 된 엠마누엘레 2세는 앙트넬리 추기경의 조언을 받아들여 바티칸과 이탈리아 의회를 보호하는 비밀평화협정을 맺었다. 이에는 메이슨의 혁명을 저지하려는 의도가 깔려 있었다. 로지는 국왕을 그냥 내버려두지 않았다. 내가 바로 황태자인 움베르토가 황제를 암살하는 현장에 있었던 목격자다.

이제 우리의 도움으로 황태자가 국왕에 즉위했지만 그가 죽은 아버지의 전철을 밟아 교황과 손잡지 않는다는 보장이 어디 있겠는가. 실제로 그는 교황에게 대항하는 모습을 보이지 않았다. 배신자인 그를 처형해야 한다.

우리의 목표는 로지에 복종하지 않는 어떠한 국왕이나 황태자, 그리고 유력한 정치가도 용납하지 않는 것이다. 만일 그들이 메이슨이라면 로지의 감시관은 그들에게 절대 복종을 다짐받고 그들이 따르지 않을 때 즉시 처단을 통고해야 한다."

내 연설에 모두가 동의했다.

이 문제는 월요일 정례회에서 다시 토의되었다. 출석자 440

명 가운데 22명만이 반대했다. 비전자들은 견습 메이슨들을 부추겨 내게 메이슨의 새로운 '일반신도법一般信徒法'을 프랑스의 국가적 운동으로 전개하라는 책임을 떠맡겼다.

권력에 맛들여 대담해진 나는 이제 영에게 불만을 늘어놓기에 이르렀다. 누누히 말했지만 비밀을 누설하기 쉬운 견습 메이슨에게는 거짓 정보와 가짜 계획이 전달되었다. 때로는 있지도 않은 계획을 흘려놓고 그들의 침묵도를 시험하는 경우도 있었다. 그런 까닭에 견습생이 참석한 반공개 회의에서는 앞으로 진행할 중요한 계획을 토의하지 않는 것이 관례였다. 그럼에도 영은 전혀 엉뚱한 말을 나를 통해 하기 시작했다. 나는 용에게 옳은 처사가 아니라고 불만을 토로했다.

이런 항의는 그동안 친밀하던 영과의 관계를 깨뜨리는 계기가 되고 말았다. 영은 초월적 현상을 일으켜 나의 교만을 부서뜨리려 했다. 그로 인해 내 건강은 크게 나빠졌다. 나는 몇 시간씩 주문을 외우며 그토록 갈망했던 영과의 교감을 애써 피하게 되었다.

비전자들도 내가 영과 접촉하는 것을 의도적으로 막으려 했다. 언제부턴가 나는 회의 출석조차 저지당해 로지에서 어떤 일이 일어나는지 알지 못했다. 그들은 영이 내게 관심을 갖지 못하도록 항상 주의를 기울였다. 정해진 주문에 따라 나타난 용이 내게 전하는 지령조차 숨겼다.

  이런 사실을 알게 된 용은 대회의에서 제시하는 모든 질문에 일체 답하지 않는 것으로 그들에게 보복했다.

  나는 절망에 빠져 홀로 로지에 틀어박혔다. 3일 밤낮을 대리석상과 보내며 나타나 달라고 애원했지만 용은 묵묵부답이었다. 마침내 나는 파김치가 되어 잠에 곯아떨어졌다.

  금요일 밤이 되자 세 개의 문이 차례로 열리고 기장記章이 없는 긴 토가를 입은 비전자들이 들어왔다. 그들은 바닥에 엎드려 일곱 번 절하고 용서를 빌었다. 그럼에도 영이 화를 풀지 않자 그들은 슬퍼하며 돌아갔다.

  비전자들이 돌아간 후 내 몸이 별안간 뻣뻣하게 굳어지더니 내 정신이 예상치 못한 곳으로 높이 올라갔다. 그 순간 나는 깨달았다. 비전자들은 영이 분노를 풀지 않아서가 아니라 부를 나누어주지 않아서 슬퍼했다는 사실을.

  로지의 회원들은 난교파티와 연회를 열기 위해, 또 선거에서 메이슨이 정부요직을 차지하기 위해 뇌물로 찔러줄 돈이 필요해 찾아왔던 것이다. 내 영혼을 얻기 위해 영이 산더미처럼 금화를 쏟아내던 일이 떠올랐다.

나는 메이슨의 범죄를 허다하게 목격했고 때로는 주동자가 되어 범죄를 저질렀다. 그런데 점차 그 비슷한 운명이 내게 닥치지 않을까 하는 두려움으로 밤을 꼬박 새우는 날들이 많아졌다. 어느 땐가는 '검은 방'에 이름이 적힌 18구의 해골이 나타나는 꿈을 꾸기도 했다.

가필드의 망령도 내 마음속에 자리를 틀고 앉아 떨어지지 않았다. 그는 꿈 속에 뿔이 난 독수리로 등장해 공중을 날며 환성을 질러댔다. 희생자는 복수에 불타고 있었다. 그 모습을 보고 나는 충격에 휩싸였다.

'악마에게 굴복해버릴까.'

하루하루 자포자기하는 심정으로 지내다가 어느 순간 자살충동에 사로잡혔다. 그러나 나락으로 빠져들어가던 그때 나는 희미하게나마 한 줄기 빛을 보았다. 지금 생각해보면 그 순간 어머니가 나를 위해 기도하셨음이 틀림없다.

이 전능한 빛은 나의 자살충동을 막아주었다. 그리고 나는 우리들의 영에게 명령을 내릴 수 있는 '보다 높은 힘'을 떠올렸다. 내가 잘 알지 못하는 신이었지만 어렴풋이나마 그 신에게 기도

하고 싶다는 희망을 품었다.

  그러나 그럴 자격이 없었다. 언젠가 훤히 드러난 내 영혼이 그 신에게 기도할 수 있기를 간구할 따름이었다.

  물론 이런 내 마음이 용과 화해하는데 도움이 될 리 없었다. 고위 비전자들이 나를 찾아올 때마다 불안은 더해갔다. 그들은 내 건강상태를 염려하는 척하고 찾아와 오히려 나를 감시하는 듯했다. 내 불안이 심해져 정신이상자가 되길 바란다는 생각마저 들었다.

  누군가가 처형당한 얘기를 듣지 않는 날이 없었다. 실제로 대부분의 처형은 무의미했고 더할 수 없이 잔혹했다. 나처럼 높은 위계를 원하는 형제들은 먼저 로지의 멍에를 짊어지겠다는 증거를 보여야만 했다. 바로 살인자가 되는 일이었다. 그것은 그리스도교에 가하는 결정타였다.

  로지는 이 범죄를 무기로 높은 위계의 형제들을 완벽하게 지배했다. 로지는 그들의 죄상을 폭로해 단두대로 보내든지, 프랑스령 가이아나'악마의 섬'으로 유명한 남미 카리브해 연안의 섬에 처박겠다고 협박했다.

  최근에도 한 프랑스 정치가가 살인의례를 치르고 권력을 손에 넣은 적이 있었다. 그는 로지의 회원들 앞에서 요부가 막 낳은 아기를 익사시키는 소위 '테스트57'이라는 시험을 치렀다. 또 봉제인형으로 감춘 살아있는 인간을 찔러 죽이는 의례도 통과해야 했다.

　세이든이라는 사람이 살해용의를 뒤집어쓰고 자살한 사건이 있었는데 진짜 범인은 그레비와 1874년에 죽은 제2비전자 테라 Teller였다. 그레비는 영국에서 발생한 이 세이든 사건 덕분으로 프랑스 대통령 자리에 오를 수 있었다.
　단지 호기심으로 대의회에 출석하려던 한 정부관료도 그들의 범죄에 희생당했다. 그리스도교 신자였던 그는 회의에 참석하기 위해 필요한 로지의 입단서약을 거부했다. 그러자 로지는 그랜드알케미스트가 처방한 약을 그에게 몰래 먹였다. 그는 발광했고 경찰이 블로뉴 숲에 쓰러져 있는 그를 찾아내어 정신병원에 감금시켰다.

　이 무렵, 티네와 티랄은 군주제 부활을 미끼로 프랑스황태자를 메이슨에 끌어들일 계획을 추진하고 있었다. 하지만 조사를 통해 메이슨의 진짜 의도를 파악한 황태자는 그 제안을 단호히 거절했다.
　케르나와 톨라라는 두 형제에게 이 완고한 황태자를 설득하거나 암살하라는 지령이 떨어졌다. 둘은 황태자가 여름휴가를 보내는 샹볼로 향했다.

그런데 두 사람은 황태자의 친절한 접대를 받고 비인간적인 임무를 수행할 용기가 꺾여버렸다. 그들은 로지로 돌아와 "황태자는 그곳에 계시지 않았다."고 보고했다.

그러나 용은 두 형제의 말을 반증하는 증거를 쥐고 있었다. 톨라는 지하감옥에 갇혀 성 금요일의 인신제물人身祭物로 쓰였고 케르나는 짐승이 직접 손을 보아 형체를 알아볼 수 없는 고깃덩어리로 만들어버렸다.

살인을 즐기는 짐승이 직접 손을 댄 경우는 이외에도 무수히 많았다. 로지회원 T씨는 귀족 출신 유부녀를 사귀고 있었다. 그녀의 남편은 고급관료들 사이에서 꽤 알려진 인물이었다.

어느 날 저녁 T씨는 술에 취해 이 애인에게 로지의 비밀활동을 누설하고 말았다. 궁금증을 참지 못한 애인은 다음날 로지에 관해 이것저것 캐물었다. 그녀의 호기심을 채워준 T씨는 들은 얘기를 입 밖에 내지 않겠다는 다짐을 받았다.

그러나 젊은 여성들이란 하나같이 수다쟁이들이 아닌가. 정치가인 사촌에게 털어놓고 싶은 마음을 도저히 참을 수 없었다. 그녀는 사촌이 대회의의 회원이라는 사실까지는 미처 몰랐다.

사촌은 그녀를 로지에 밀고했고 T씨는 모든 책임을 애인에게 덮어씌웠다.

그녀가 덫에 걸려 지하감옥에 갇혀있는 동안 세상 사람들은 로지의 의도대로 그녀가 남편을 버리고 가출했다고 믿고 있었다. 한편 그녀는 이런 비극이 왜 자신에게 닥쳤는지 영문도 모른 채 칠흑 같은 지하감옥에서 꼬박 한 달을 보냈다.

드디어 레오세이라는 변호사의 보호 아래 그녀가 대회의 심판대에 올랐다. T씨는 자신을 방어하기 위해 직접 검사역을 맡고 나서 이 애인에게 최악의 죄목을 뒤집어 씌웠다. 그녀는 놀라움과 공포로 반미치광이가 되었다. 일곱 개 구슬이 그녀에게 유죄를 선고했다.

그런데 판결이 내려지기 직전 짐승이 직접 처형에 나섰다. 빛나는 섬광과 천둥소리가 울리는 가운데 등장한 짐승은 장송곡이 흐르자 이 가련한 희생자에게 난폭하게 달려들었다.

짐승은 힘센 한쪽 앞발로 여자를 낚아채 공중으로 내던졌다. 바닥에 내동댕이 쳐진 여자는 끔찍한 비명을 질렀다. 여자는 짐승의 사악한 눈길을 피하려고 몸부림쳤지만 짐승은 날카로운 발톱으로 여자를 다시 쓰러뜨렸다. 그녀의 옷은 갈기갈기 찢어지고 머리카락이 뽑혀 어지러이 흩어졌다.

가슴에 일격을 맞은 여자의 입에서 피가 뿜어져나오자 짐승은 여자의 숨통을 끊고 벽에 내동댕이쳤다. 온몸은 형체를 알아볼 수 없을 정도로 뭉개졌다.

그 정도로 성이 차지 않았던지 짐승은 여자의 머리칼을 움켜쥐고 홀 전체를 질질 끌고 다녔다. 그러고는 늘어진 몸에 올라타 예리한 뿔로 몇 번이나 찔러 토막을 냈다. 그토록 아름답던 여인은 한낱 피투성이 고깃덩어리로 변해갔다. 이 참극은 꼬박 하루 동안 계속되었다.

목격자였던 틸라는 조금도 동요하지 않고 이런 상황을 내게 전해주었다. 내가 처형당할 때도 이처럼 냉정하겠지. 높은 위계인 나는 당연히 짐승의 손에 처형당하겠지만, 그래도 사람 손에 죽고 싶다는 바람을 떨쳐버릴 수 없었다.

공포에 떨며 하루하루를 보내는 가운데 스스로 위안을 얻고자 속으로 '나는 은혜받은 사람이다.'라고 수없이 되뇌었다. 그리고 메이슨의 성서에 나온 예언을 다시 읽어 보았다. 이전의 요정에 대한 기록을 찾아 간행물도 뒤져보았다.

나는 로지가 발각된다면 비밀리에 발행된 이 간행물도 몰수당하게 해달라고 신에게 빌었다. 간행물의 제18권 1225항에 그들이 저지른 범죄의 증거가 고스란히 담겨있기 때문이었다.

간행물에는 애처로운 여인들의 기록이 남아있었다. 한 사람은 '티오스Theos'라는 이름의 카테리나 바제Katharina Vadier, 또 한 사람은 테레사 시저Theresa Sether라는 이름에서 '실비아Sylvia'로 개명한 영국인이었다. 바제는 교양있는 여성이었던 반면 실비아는 교육을 받지 못한 여성이었다. 둘 다 영감으로 로지를 돕지 못했다고 적혀 있었다.

카테리나 바제의 인생은 특히 흥미로웠다. 프랑스 혁명기에 태어난 그녀는, 막시밀리에 로베스피에르1758~1794, 프랑스의 법률가, 혁명투사, 메이슨의 정부 전복을 도와준 후 살해당했다가 전성기에서 몰락하는 시기에 일루미나티에서 중요한 지위를 차지하고 있었다.

어느 날부터 가톨릭교회로 돌아가길 원했던 바제는 빙의된 악마의 노여움을 샀다. 메이슨의 용어로 '반역의 영'에게 굴복한 그녀는 미친 사람으로 몰려약물을 먹였기 때문이리라 심한 정신적 고통을 겪다가 죽었다고 기록되어 있었다.

'이런 가혹한 운명이 나를 기다리고 있단 말인가.'
그런데 그때 다른 예언이 귓가에 울렸다.
'최초의 요정은 죽는다. 두 번째 요정 또한 죽는다. 그러나 세 번째 요정은 영원히 살리라.'

'그렇다. 나는 전례가 없는 대사명을 전수받은 제3의 요정이 아닌가. 이 일시적인 노여움은 이전에 겪었던 위기와 비슷할지 모른다. 지금 이 고난이 막을 내리면 영과 빛나는 화해를 이뤄 더 완전한 결합을 할 수 있을 것이다. 그러면 나는 지금껏 이름도 들어보지 못한, 모든 위계를 지배하는 정상에 서서 메이슨을 위한 세계 독재를 달성하자.'

도피행의 아침

　로지 내에서 나를 재판하려는 움직임이 서서히 일어나고 있었다. 그즈음 나는 내 저택에서 여러 차례 심문을 받았고 예전에 입밖에 냈던 말로 인해 번번이 힐책을 당했다.
　앞서도 말했듯이 로지 내부는 사람들 사이에 오가는 어떤 사소한 대화도 엿들을 수 있도록 설계되어 있었다. 속기사들은 지하층의 관리실에 앉아 음향파이프를 통해 전달되는 속삭임까지 듣고 기록했다.
　가필드가 개발한 이 시스템은 그레비에 의해 대규모 도청시스템으로 활용되고 있었는데 본인조차 잊고 지냈던 발언이 화근이 되어 로지에서 제거된 형제들이 여럿 있었다.

  행운을 누릴 때 나는 로지에서나 집에서나 눈치 보지 않고 편하게 대화를 나눴다. 일반회원이라면 진작 목숨이 달아났을 통렬한 말도 거침없이 내뱉었다.

  대단치 않을 거라고 여겼던 동료들조차 내 기록을 읽고는 그 심각성에 놀라움을 금치 못했다. 그들은 판결이 내려질 때까지 형세를 관망하는 태도를 취했다. 모두에게 환멸을 느낀 내가 하루는 자포자기해 회원들의 실태와 과실, 내 지위를 시기하는 태도 등 하고 싶은 말을 줄줄이 쏟아냈다.

  그 일 이후로 대부분의 회원들이 내게 적의를 드러냈다. 나는 한달음에 높은 지위에 올라 영에게 받은 지식으로 로지를 너무 크게 뒤흔들어 놓았던 것이다. 공상에 사로잡힌, 고집불통이며 다혈질인 여 독재자에게 완전히 질려버린 그들은 이제 "원탁회의에서 여자를 제거하자! 크로틸드를 없애야 한다!"는 말을 슬로건처럼 외치고 다녔다.

  결국 내가 불참한 채 나의 재판이 진행되었다. 후에 그레비가 용 스스로 나에 대한 처분을 밝혔다고 전해주었다. 미친 얘기 같겠지만 무자비한 용의 입장에서는 상당히 온정을 베푼 판결이었다.

나는 메이슨이 경영하는 창녀촌으로 가라는 명령을 받았다. 그들은 살해하겠다는 협박 아래 프랑스 동남부, 그르노블에 있는 유곽으로 가서 새로운 지령을 기다리라고 했다.

"죄의 대가를 치렀다고 판단될 때까지 기다려라. 그러면 예전의 지위를 되돌려주겠다."고 영은 약속했다. 하지만 그는 어차피 거짓말의 아버지, 악마였다. 내가 시궁창에 빠질 것이라는 가필드의 예언이 새삼 떠올랐다.

한편 페리는 위선적인 말로 나를 구슬렸다.

"당신의 건강이 진정 염려됩니다. 맑은 공기를 쐬면 몸에도 좋지요. 푹 쉬세요. 전처럼 건강해져서 돌아오기를 진심으로 기다리겠습니다."

화가 부글부글 끓어올랐다. 이번 처분이 내게 얼마나 굴욕적인지 이 자는 너무나 잘 알고 있었다. 그러나 여기서 인생을 끝내지 않으려면 군말 없이 따라야 했다.

'적어도 그르노블에 있을 때만큼은 원형경기장의 갈기갈기 찢겨진 시체와도, 살아 움직이는 꺼림칙한 대리석 용과도 안녕할 수 있지 않은가. 무슨 짓을 해서라도 영광의 자리를 되찾자. 나는 결코 짐승의 제물은 되지 않겠다.'

이를 악물고 벌을 받아들였다.

그르노블의 한 창녀촌에 도착했을 때 메이슨인 여주인은 깍듯이 나를 맞았다. 내가 이 수치스러운 임무를 수행하는 한 예의를 지키라는 명령을 받은 듯했다.

메이슨은 목표를 달성하기 위해 어떤 기회도 놓치지 않는다는 것을 나는 익히 알고 있었다. 그곳은 정부관료들의 비밀회합 장소였다.

숨돌리기 무섭게 지령이 날아들었다. 이제 막 로지의 견습자가 된 브뷔에 라피에르 상원의원을 상대하는 일이었다. 그가 가끔 추잡한 장소에 출입한다는 사실을 파악한 로지는 내게 그와 애정관계를 맺고 본심을 알아내라고 지시했다. 로지 패거리들은 정치와 종교에 관한 그의 생각을 알아낼 때까지 그를 로지에 받아들이지 않을 작정이었다.

나는 이 지령에 분개했다. 이 정도로 전락될 줄 몰랐기 때문이다. 그동안 나는 로지의 온갖 범죄행위에 가담했지만 퇴폐행위에서만큼은 자유로웠다. 그러나 지금 그들은 나를 영원히 욕보이려 하고 있었다.

'일찍이 쿠텐 백작부인, 비스마르크의 친구, 가필드의 여주인이었던 내가 이제는 여생을 매춘부로 살아가야 하는 것이다. 어떻게 다시 일어설 수 있을까?'

나는 파리 로지에서 내 편지를 담당하던 무슈 드 랑상에게 불만을 호소했다. 그는 '용은 불만을 용납하지 않는다. 무조건 순종하라.'는 답장을 보냈다.

그런데 어느 날 편지를 둘러싸고 이상한 일을 경험했다. 내가 편지를 보내자마자 순식간에 답장을 받았던 것이다. 용이 직접 개입했음이 분명했다. 경험으로 용은 충실한 부하가 어디에 있든 자신의 힘을 과시했다. 그 편지사건은 도망칠 생각은 아예 하지 말라는 용의 경고가 분명했다.

비전자들은 몇 가지 허위로 된 문자를 사용했다. 나는 '요정'을 의미하는 'N'으로 장식문자를 써넣었고, 랑상은 프랑스어로 고위 비전자를 의미하는 J와 S가 복잡하게 얽힌 사인을 사용했다. 하지만 어떤 편지든 처음 시작은 '다비드의 별'과 흡사한 이중삼각형으로 장식했다. 그 삼각형들은 각 변의 끊긴 곳을 통해 서로 얽혀 있있다.

이외에도 비전자들 사이에 편지봉투 겉면에 특수한 심벌을 넣는 관례가 있었는데 이 방법으로 두툼한 편지다발 속에서도 금방 편지의 내용을 간파할 수 있었다.

몸을 파는 하루하루가 견디기 힘들었지만 다른 해결책이 없었다. 나는 상원의원을 허수아비로 만드는 첫 번째 임무를 필사적으로 완수했다. 얼마 지나지 않아 로지로부터 두 번째 지령이 날아들었다.

'해군대장 P.B의 아들이 중요한 서류를 쥐고 있다. 노상강도를 가장해 서류를 빼앗으려 했으나 일이 틀어졌다. 용은 이 일을 해낼 사람은 크로틸드밖에 없다고 했다.'

고문을 당하거나 죽는 편이 차라리 낫겠다는 생각마저 들었다. 하지만 P.B의 아들인 해군장교가 업소에 들어오자 나는 노예처럼 시중을 들었다. 한동안 온갖 책략을 썼지만 문서가 있는 곳을 알아내지 못했다.

체념할 지경에 이른 어느 날 밤, 술에 흠뻑 취해 가벼워진 그의 입에서 문제의 서류가 있는 곳이 흘러나왔다. 나는 그를 더욱 취하게 만든 후 동료 메이슨을 그의 집으로 보냈다. 서류는 다락방의 장미꽃병에서 발견되었다. 나는 조심스럽게 봉투를 열어 서류를 신문지와 맞바꾸고 화병을 제자리로 돌려보냈다.

다음날 아침 파리로 전보를 쳤다. '두 가지 비밀을 손에 넣었다. 풀어달라.' 그러나 나는 '이곳을 떠나 마슨으로 가라.'는 답장을 받았다.

'무슨 일일까. 대체 그곳에 무엇이 기다리고 있을까. 나는 정말 파리로 돌아가서 용을 받들 뜻이 있는가. 달리 선택의 길은 없을까?' 마슨으로 가는 도중 탈출하겠다는 결심을 굳혔다.

이튿날 여행 채비를 마치고 대부분의 짐을 미리 역으로 보냈다. 아무도 따라오지 않는 것을 충분히 확인한 후, 나는 가벼운 짐만 들고 기차에 올랐다.

기차가 큰 역에 정차했을 때, 나는 식당이나 바에 간 것처럼 보이기 위해 웬만한 짐을 남겨두고 기차에서 내렸다. 그리고 시내 쪽을 향해 내달렸다. 수도원 같은 건물이 눈에 띄어 황급히 벨을 눌렀다.

문이 열리자 눈앞에 한 수녀가 두건 아래로 상냥한 미소를 짓고 서있었다. 내가 이십 년간 그토록 저주를 퍼부었던 사람들 중 한 명이었다. 나는 원장수녀를 만나게 해달라고 간곡히 부탁했다.

원장수녀를 만난 나는 매춘부로 살아온 삶을 눈물로 고백하고 죽음과 지옥에서 벗어나게 해달라고 호소했다. 그녀는 애정을 담아 내가 원하는 모든 것을 해주겠다고 약속했다. 나는 생전 처음 어머니의 품에 안긴 듯한 따뜻함을 맛보았다.

몇 주를 수도원에서 지내면서 나는 일찍이 경험한 적이 없는 평안을 얻었다. 나는 나의 잘못을 뼈저리게 후회하며 진리와 사랑을 조용히 간구했다. 그때 내 인생을 뒤돌아볼 절호의 기회였으나 이후로 점차 건강이 나빠져 병원에서 괴로운 나날을 보내야 했다.

내가 은총의 힘으로 일순간 해방된 것이 아님을 여러분은 알아주기 바란다. 일찍이 짐승 스스로 '성삼위일체'를 부르짖으며 자신의 무력함을 인정했을 때 어렴풋이 해방의 조짐을 보았다. 바로 그 순간 내면에서 갈등이 시작되었기 때문이다.

짐승을 만나기 전까지 어떤 초자연적 현상도 부정하던 내가 짐승의 영이 펼치는 초자연적인 능력에 빠져들어 짐승의 노예가 되기를 자청했다. 그러다가 어느 날 짐승이 자신보다 높은 세례의 신을 인정하는 것을 보고 극심한 동요가 일었다. 그 후로 세례의 신은 내 마음 한구석에서 나의 영혼을 일깨우고 있었던 것이다.

그러나 그때까지도 나는 눈을 제대로 뜨지 못하고 진실을 외면하기에 급급했다. 세례의 신은 전능할 뿐 아니라 성스럽고 인자하며 지혜롭다는 것을 알지 못했기 때문이다. 나는 신에게 심판받을 일이 무엇보다 두려웠다.

너무나 끔찍한 죄인이었던 나는 오랜 시간 선에 닿지 못했다. '이제 새삼스레 다시 가톨릭의 원리와 세례의 신을 받아들여야 할까.' 번민의 나날이 계속되었다.

용은 이미 심판받고 있음이 분명했다. 간사하고 잔인한 그 짐승은 추종자들의 악덕에도 기쁨을 감추지 못했다. 인간을 구원한다는 그의 영적 계시에조차 사악함이 도사리고 있었다.

나는 한때 로지의 최고 지위에 올랐다가 일순간 유곽에 던져져 최악의 굴욕감을 맛보았다. 하지만 그로 인해 나를 돌아볼 수 있는 기회를 얻었다. 사욕을 채우고 복수의 욕망을 이루고자 이 거짓 '지상령至上靈'을 섬겨왔음을 차츰 깨달았다.

참된 신은 증오와 거짓을 퍼뜨리는 일을 결코 기뻐하지 않으셨다. 짐승은 내가 수많은 범죄에 가담해 아무리 충성심을 보여주어도 나를 다시 높은 지위에 올려줄 마음이 애초부터 없었다.

로지는 브뷔에 라피에르 상원의원의 문서도, 해군장교의 문서도 넘겨받지 못했다. 메이슨의 법률에 따라 나의 유죄는 확실해졌다.

족쇄를 벗어던질 용기를 찾아 싸우는 동안 예상치 못한 일이 벌어졌다. 내가 해군장교의 아이를 임신한 것이었다. 그 일로 파리로 돌아가는 일 따윈 논할 가치조차 없어져버렸다.

보나마나 내 아이는 견습자의 충성심을 시험하는 도구가 될 것이 뻔했다. 그들은 아이를 빼앗아 여덟 토막내고, 그 사체를 신전의 해부책상 위에서 조각조각 찢어 용신 히드라에게 제물로 바치려 들 것이었다.

나 혼자는 비천하고 미약했지만 태내에서 순결한 아기가 용기를 불어넣어 주었다. 점차 입덧이 시작되고 아이의 탄생이 확실해지자 나는 성모님의 영혼으로 채워졌다. 아기를 위해 드리기 시작한 기도는 나를 마음의 지옥에서 구원하는 열쇠가 되었다. '이제 나는 범죄의 소굴인 로지와 완전히 손을 끊고 속죄의 삶을 살겠다. 무슨 일이 있더라도 내 아이만큼은 죽음의 늪에서 구하겠다.'

병원에서 태어난 아기는 알 수 없는 원인으로 하늘나라로 떠났다. 나는 한동안 망연자실했다. 그나마 아기가 가톨릭 세례를 받았다는 사실에 위안을 얻었다.

나는 사실 아이를 키우겠다고 신에게 약속하고도 아이를 진심으로 바라지 않았다. 어린아이는 순결한 신의 어린양과 함께 있다는 이야기를 도저히 믿을 수 없었다. 더구나 나는 성 금요일의 검은 미사에서 그 신의 어린양을 골백번도 더 더럽히지 않았던가. 내 아기는 하늘나라에서 분명 이 불쌍한 엄마를 위해 기도할 것이다.

아이로 인한 충격에서 간신히 벗어나자 세상의 눈을 피해 벽지 수도원으로 거처를 옮겼다. 그곳에서 나는 크로틸드 베르송도, 세라티 백작부인도, 쿠텐 백작부인도 아닌 다만 신의 가장 비천한 여종으로 살았다. 그곳의 수녀들은 나를 세례명인 마리 에머리라고 불렀다.

예전에 파리 시내에서 보낸 불안정한 나날과 비교해 얼마나 평화로운지…. 수도원의 작은 방 창 너머로 보이는 산등성이는 평화로이 흘러가는 물가까지 펼쳐있고 천지는 온통 감미로움으로 가득 차있었다. 그곳에서는 짐승도, 그토록 사악한 메이슨도 두렵지 않았다. 다만 과거에 저질렀던 끔찍한 범죄에 대한 자책감은 쉽사리 떨쳐버릴 수 없었다.

나는 수도원에서 읽은 성서를 통해 오랜 세월 나를 고통과 공포로 몰아넣고 무기력하게 만든 짐승의 정체를 알게 되었다. 그 짐승은 천국에서 쫓겨난 용이었다. 나는 누구보다 그 용의 악의를 잘 알고 있었다.

'그때 하늘에서는 전쟁이 벌어졌습니다. 미카엘과 그의 부하 천사들이 용과 싸운 것입니다. 용과 그의 부하들도 맞서 싸웠지만 당해내지 못하여, 하늘에는 더 이상 그들을 위한 자리가 없었습니다. 그리하여 그 큰 용, 그 옛날의 뱀, 악마라고도 사탄

이라고도 하는 자, 온 세계를 속이던 그자가 떨어졌습니다.' 묵시 12,7-9

'하느님 앞에서 밤낮으로 그들을 고발하던 그자가 내쫓겼다.' 묵시 12,10

지독한 마음의 화근은 내가 원하는 만큼 빨리 치유되지 않았다. 과거의 상처가 곪아터져 폭풍처럼 나를 엄습했고 때때로 내 의지와 상관없이 추한 유혹에 사로잡혀 짐승을 찾았다. 잠잠했다가도 어느 한순간 짐승과 그 하수인들에게 팔아넘기려는 스스로를 깨닫고 소스라치곤 했다.

1884년 1월 8일 수요일 저녁부터 목요일에 걸쳐 나는 다섯 악마에게 끊임없이 시달렸다. 짐승이 나를 극찬하던 때의 일을 회상한 찰나 그 허영심으로 인해 용이 내게 빙의되었다. 용은 같은 시각 로지에서 열리는 대회의에 나를 접촉시키려고 영향력을 행사했다. 마침 내가 돌아온다면 용서하겠다는 안건이 의제로 올라있었다. 짐승은 나를 공중으로 들어올렸다.

"대천사 성 미카엘이시여, 이 위기에서 저를 지켜주옵소서! 하늘의 아버지, 나의 하느님, 주여, 모든 악으로부터 저를 해방시켜주소서!"

내 수호천사와 모든 신의 자녀들을 수호하는 대천사 성 미카엘에게 필사적으로 매달렸다. 그러자 짐승은 귀에서 피가 터져 나올 정도로 세차게 나를 바닥에 내동댕이쳤다. 그때 이후 나는 잘 듣지 못했다. 그런다 한들 무슨 대수인가!

내가 가장 두려웠던 것은 짐승이 파리 로지에 내 거처를 알려 온갖 암흑의 세력이 나를 향해 분출되는 일이었다.

무엇보다 죄에 빠진 가련한 영혼을 구해준 어린 수녀들의 안전이 걱정되었다. 하지만 덕망있는 마가리타 수녀는 결코 흔들리지 않았다. 그녀는 온갖 죄에서 영혼을 구원하는 주 예수 그리스도의 피의 가치를 알고 있었다. 악마는 두려움의 대상이 아니었다.

어느 날 마가리타 수녀가 내가 악마에 빙의되었을 때 화가 치밀어 부수어버린 로사리오묵주를 발견하고 고치고 싶다고 말했다. 나는 "아, 제발 그러지 말아요. 정원 어딘가에 깊숙이 묻어버려요. 그런 것은 불길한 일만 불러올 뿐이예요." 하고 만류했다. 그러자 마가리타 수녀는 천사 같은 미소를 지으며 나를 자신의 방으로 데려갔다.

그녀의 침대 가장자리에 내가 수도원에 들어올 때 지니고 있던 십자가가 세워져 있었다. 예수님을 모독하기 위해 사용했던 십자가였다. 그녀는 침대가에 그 십자가를 세워두고 매시간 속죄의 신심과 사랑을 드리고 있었다.

　마가리타 수녀는 이 십자가에 승리의 표시로 부서진 로사리오를 걸고 싶다고 말했다.

　"그 반대랍니다. 이것은 거꾸로 우리를 지켜줄 거예요. 우리는 하느님의 보호 아래 있어요. 하느님께서 허락하지 않는 일은 어느 것 하나도 일어나지 않는답니다."

　그날 밤, 악마는 노기를 띠고 나타났다.

　"저 여자에게서 당장 벗어나라! 저 여자는 선량함과 신심을 가장하고 있다. 사실은 교회의 이익 밖에 머릿속에 없지. 네게 흥미가 없어지면 저 여자나 그 윗놈은 너를 어디론가 내쫓을 게 뻔해. 너에 대한 흥미를 없애주겠다. 그들을 고통스럽게 만들겠다."

　악마의 속삭임을 마가리타 수녀에게 보고했다.

　"마리 수녀님, 떠들도록 놔두세요. 그렇게 하라고 하세요. 영혼은 고통을 통해서만 구원됩니다. 이러한 속죄에 의해 지옥은 그 힘을 잃는답니다."

　마가리타 수녀의 슬픈 듯한 표정을 보고 있으려니 '은총'과 '속죄'의 헤아릴 수 없는 깊은 뜻이 가슴으로 전해졌다. 눈에 보이진 않지만 내가 얼마나 깊이 회개했는지도, 그리고 이처럼 숭고한 영혼을 가까이 보내주신 그 불가사의함도 이해할 수 있었다. 수녀들이 이곳에서 바치는 속죄의 삶은 어떠한 악의 공격도 물리칠 수 있는 우레와 같은 힘이었다.

얼마 지나지 않아, 나의 우려대로 짐승이 내 거처를 로지에 알렸음을 알게 되었다. 어느 날 식당 한 구석에서 일을 하고 있는데 한 남자가 다가왔다. 임시로 고용한 정원사였다. 그는 물을 청하며 검지손가락을 펴서 내 손바닥을 건드렸다. 그것은 일루미나티의 인식신호였다.

나는 모르는 척하며 조용히 컵에 물을 따랐다. 그는 신경질적으로 컵을 두드리며 테이블로 되돌아가 나를 날카롭게 응시했다. 그리고 단숨에 물을 들이키더니 무심결인 듯 '우레'라는 말로 끝나는 몇 개의 단어를 나열했다. 로지에서 사용하는 암호였다.

"당신이 밤의 요정이요?"

"네, 밤의 요정이라 불렸지요."

"어디서, 어떤 식으로? 그곳에선가?"

"맞습니다. 영국커피숍과 골든하우스 맞은 편에 있는 조용한 이층집이지요. 사각로지와 원형로지, 지하감옥이 있죠."

그리고 단호하게 잘라 말했다.

"당신을 보낸 자들에게 전하세요. 내가 로지에서 경험한 모든 일을 원고에 기록해놓았다고요. 지금은 내가 아는 언어로만 적어놓았지만 앞으로 더욱 많은 언어로 번역될 예정입니다.

나의 원고는 수도원이 안전하게 보관하고 있지요. 만일을 대비해 몇 개의 사본을 마련해두었고 몇몇 교회 권위자에게도 보냈습니다.

나와 이 수도원에 뭔가 불미스러운 일, 예를 들어 사고, 화재, 의문의 죽음 등이 일어난다면 교황님과 전 세계 주요신문에 이 사실을 폭로할 겁니다. 동시에 책까지 발행된다면 대중은 분명 관심을 기울일 겁니다.

당장 파리의 그랜드로지가 타격을 받겠지요. 전 세계에 악마 숭배자, 살인집단, 성도착자, 창녀촌과 도박장 경영자, 강도집단인 로지의 진면목이 밝혀질 겁니다.

가필드 대통령, 빅토리오 엠마누엘레 2세, 알렉산드르 2세, 니콜라이 2세의 암살도 폭로되겠지요. 모든 정부조직과 가톨릭교회에 침투해있는 메이슨의 이름도 밝혀지겠지요.

당신 주인에게 전하세요. 경찰에게 서류와 의심스러운 소도구는 감출 수 있을지 몰라도 내가 그린 팔각당과 지하감옥은 숨기지 못할 거라고요. 이것은 나 한 사람의 목숨보다 훨씬 가치

있는 일 아니겠어요?

내 목숨은 하느님께 바쳤습니다. 하느님이 내 정보를 유익하게 쓰셔서 나를 당신들 독재의 쇠사슬을 끊어버릴 힘있는 가톨릭 신자로 눈뜨게 해주실 겁니다. 나는 이 일에 내 모든 것을 바칠 것입니다."

정원사는 답을 얼버무렸다.

"무슨 말을 하는지 모르겠군요. 자매님은 책을 읽듯 잘도 떠드는구려. 물 고마웠소."

그는 요란스러운 소리를 내며 황급히 나가 두번 다시 수도원으로 돌아오지 않았다.

내 얘기는 분명 대회의와 그랜드오리엔트에 전달되고 비전자들이 심사숙고했을 것이다. 그리고 전 세계에 자신들의 비밀이 폭로되기보다 내가 벽지의 수도원에서 빈곤한 생활을 꾸려가도록 놔두는 것이 상책이라고 판단했을 것이다.

하느님은 과거의 일로 비탄에 빠져있던 내게 과분할 만큼 많은 영원의 선물을 약속해주셨다. 그리고 나는 내가 과거에 저질렀던 모든 죄의 사함을 받았다고 믿는다. 예수님은 사제에게 고백하는 모든 죄를 사하여주시기 때문이다.

주여, 불쌍한 죄인을 용서해주소서!

주의 정의와 은혜를 받아 저는 짐승과 그 주인인 용이 세계와 영혼을 지배하지 못하기를 주 앞에 간절히 빕니다!

예수여, 짐승의 힘으로부터 저를 완전히 끊어주소서!

저를 과거의 오만한 지배자에서 그리스도의 가장 비천한 신부로 거듭 태어나게 해주소서!

마리 에머리 수녀

주의 해 1886년 6월 1일

'악마에게 굴복해버릴까.' 하루하루 자포자기하는
심정으로 지내다가 어느 순간 자살 충동에 사로잡혔다.
그러나 나락으로 빠져들어가던 그때 나는 희미하게나마
한 줄기 빛을 보았다. 지금 생각해보면 그 순간
어머니가 나를 위해 기도하셨음이 틀림없다.

이 전능한 빛은 나의 자살충동을 막아주었다.
그리고 나는 우리들의 영에게 명령을 내릴 수 있는
'보다 높은 힘'을 떠올렸다. 내가 잘 알지 못하는 신이었지만
어렴풋이나마 그 신에게 기도하고 싶다는 희망을 품었다.
그러나 그럴 자격이 없었다. 언젠가 훤히 드러난 내 영혼이
그 신에게 기도할 수 있기를 간구할 따름이었다.

용을 향한 반역

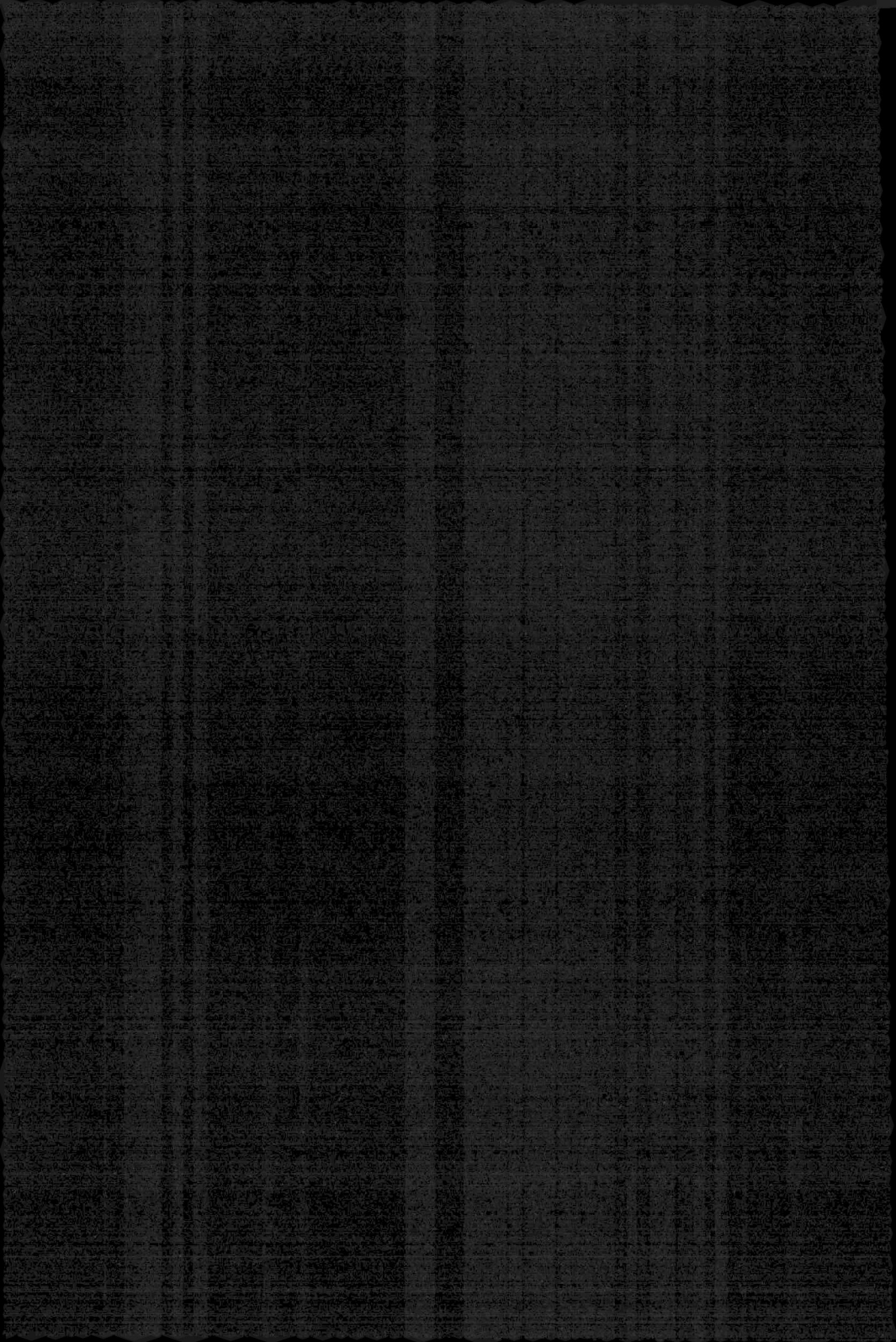